Aldo Cazzullo

# Craxi

## L'ultimo vero politico

Rizzoli

Pubblicato per

Rizzoli

da Mondadori Libri S.p.A.

ISBN 978-88-17-18960-6

Prima edizione: gennaio 2025

Realizzazione editoriale: tundrastudio.it

**La casa editrice ringrazia la Fondazione Bettino Craxi ETS**
**per la collaborazione e la concessione dei documenti fotografici.**

# Craxi

## L'ultimo vero politico

# INTRODUZIONE

Sono uno dei tanti italiani a cui Craxi, quando era Craxi, non piaceva.

A molti non piaceva perché erano comunisti; e Craxi, anche senza mai avvicinarsi al loro consenso elettorale, i comunisti li aveva battuti politicamente più volte, in modo clamoroso al referendum sulla «scala mobile». Inoltre, aveva irriso il loro amatissimo leader, Enrico Berlinguer, fischiato dai socialisti al congresso di Verona: «Non l'ho fischiato solo perché non so fischiare» maramaldeggiò Bettino. Era l'11 maggio 1984. Berlinguer morì l'11 giugno. «Per voi Craxi è l'assassino di Berlinguer» disse, rivolto ai suoi ex compagni, Giuliano Ferrara.

A molti che – come me – non erano comunisti, Craxi non piaceva per via di quella che appariva arroganza. Chi lo conosceva bene la definiva timidezza. Ma a noi che lo guardavamo da lontano, in tv, sembrava alterigia, senso di superiorità, sete di potere.

Ascoltavamo Antonello Venditti, e lo sentivamo cantare: «È un ottimista, / dall'aria vagamente socialista, e poi e poi non sbaglia mai / [...] Lui emerse sulle rive del Tevere, / disse "forte, bello grande mio, / si potrebbe costruire una metropoli, / il cui nome somigliasse un po' più al mio..."». Francesco De Gregori fu ancora più duro: «È solo il capobanda ma sembra un faraone, / ha gli occhi dello schiavo e lo sguardo del padrone, / si atteggia a Mitterrand ma è peggio di Nerone».

Certo, proprio incapaci di intendere e di volere non eravamo. Capivamo bene che Bettino Craxi aveva doti politiche eccezionali. Ci sarà però un motivo, se l'unico vero leader che la politica italiana abbia espresso in quegli anni Ottanta considerati formidabili non è mai andato oltre il 14 per cento dei voti.

Credo che il motivo sia questo.

Per la destra, per i moderati, per i cattolici, per i liberali, Craxi era pur sempre uno di sinistra. Certo, meno pericoloso dei comunisti; ma pur sempre uno che stava dall'altra parte. Eppure, per la sinistra o comunque per la sua parte maggioritaria, Craxi di sinistra non era più. Peggio che un avversario; era un nemico, quasi un traditore, con cui combattere una battaglia per la vita e per la morte.

Certo, per quanto detestato, Craxi aveva anche molto consenso non votante. Potevi non sopportarlo; non ne potevi prescindere. Dovevi prenderlo molto sul serio.

Poi Craxi declinò, cadde, si ammalò. Fuggì all'estero. Latitante per la giustizia italiana. Esule per i suoi sostenitori.

All'inizio, la presenza di Craxi ad Hammamet appariva ingombrante, incombente, minacciosa. Lo era per i suoi nemici, i comunisti, che nel frattempo si erano affrettati a cambiare nome e simbolo, lasciando però immutata la loro nomenklatura, nella speranza di farla franca. E lo era più ancora per i suoi amici.

Il 26 gennaio 1994, Bettino Craxi aveva seguito il discorso della discesa in campo di Silvio Berlusconi insieme con il figlio Bobo. Qualche passaggio aveva suscitato la sua ilarità. Ma non era la singola frase o la specifica postura a farlo sorridere. È che Berlusconi gli appariva del tutto fuori contesto.

Per lui, Silvio era stato fino a quel momento l'amico di vacanze e cene; quell'abbigliamento formale e quel tono ricercato gli apparivano assolutamente inusuali. E poi Bettino era abituato a dare ordini, e Silvio a riceverli. Ora l'amico si accingeva a diventare il padrone d'Italia. E Craxi non se ne fidava.

Non è vero quello che si racconta adesso, che nessuno si attendeva la vittoria di Berlusconi e dei suoi alleati, Umberto Bossi al Nord e Gianfranco Fini nel Centrosud. Da settimane non c'era sondaggio che non attribuisse al Polo delle libertà e al Polo del buongoverno – questi gli immaginifici nomi delle due alleanze del centrodestra, entrambe imperniate su Berlusconi – un'ampia maggioranza. Il voto era fissato per il 27 marzo. Eppure il 21 marzo 1994, sei giorni prima, Craxi decollò da Ciampino per Tunisi, su un aereo preso in affitto tramite Giuseppe Ciarrapico, imprenditore vicino ad Andreotti ma dal cuore nero.

Alla procura di Milano risulta che Craxi sia tornato in Italia nella seconda metà di aprile, per poi partire definitivamente il 5 maggio.

In ogni caso, da quella primavera del 1994 Bettino Craxi nel suo e nostro Paese non è tornato più. E quella voce, che un tempo tuonava, che decretava fortune e disgrazie, che alleati e avversari ascoltavano con grande interesse, poco per volta perse il suo timbro e il suo peso.

A Craxi non dava retta nessuno.

Facevo già il giornalista, e ricordo bene i fax scritti di suo pugno che arrivavano in redazione, accolti da sogghigni non esattamente benevoli. Ogni tanto a qualcuno di noi toccava la corvée di telefonare ad Hammamet, per chiedergli di commentare qualche notizia. Non era detto che l'opinione di Craxi sarebbe stata pubblicata: dipendeva sia dalla virulenza delle sue risposte, sia dallo spazio in pagina.

All'epoca lavoravo alla redazione Esteri della «Stampa», quindi chiamare Craxi nella sua casa di Hammamet fu un compito che mi toccò poche volte, non più di tre o quattro. Tuttavia fu un'esperienza interessante, anche piacevole. Perché, contrariamente alle mie aspettative, Craxi era molto gentile. Ad esempio mi diede subito del tu, parlandomi con una confidenza che ovviamente non avevamo. Un giorno dell'autunno 1998 mi chiese notizie di un libro che avevo appena pubblicato, una storia di Lotta continua: aveva destato il suo interesse soprattutto la parte che riguardava Adriano Sofri e gli altri ex di Lc che, anche in odio al Partito comunista, nel tempo avevano guardato al Psi di Craxi, con la mediazione di Claudio Martelli e Giuliano Ferrara.

Insomma, la persona che sentivo dall'altro capo del filo, e dall'altra sponda del Mediterraneo, non aveva davvero nulla in comune con il personaggio che mi ero figurato. O forse era lui a essere cambiato, rispetto agli anni del potere. Di sicuro doveva essere un uomo molto solo. Abbandonato anche da molti tra coloro che gli dovevano tutto.

Poi, a un tratto, la ruota del destino diede un giro. La vicenda di Craxi entrò nella fase finale, quella della vita e della morte. In poche settimane la situazione sarebbe precipitata, in modo insieme epico e grottesco, sino a un epilogo che ancora oggi – comunque si valuti il personaggio – pesa sulla coscienza della nazione.

Iniziava una tragedia. Che tanti all'inizio considerarono una farsa.

Perché l'Italia è convinta di essere un Paese comico, al più melodrammatico. Invece la storia unitaria del nostro Paese è una storia tragica.

**A Milano, in piazza Duomo, negli anni Ottanta.**
**(Fondazione Craxi ETS)**

caffè
kimbo
AUDIO-VIDEO-TV
TOSHIBA
COPIER-COMPUTER
Kodak
Kodacolor Gold

# OTTOBRE 1999, HAM

**MAMET** **1**

# OTTOBRE 1999, HAMMAMET

Andreotti fu assolto di sabato. La notizia del malore di Craxi arrivò la domenica. Un po' tutti stabilirono un nesso non casuale tra le due cose.

Il 23 ottobre 1999, un sabato appunto, la quinta sezione penale del tribunale di Palermo, dopo una camera di consiglio durata undici giorni, assolse Andreotti Giulio dall'accusa infamante di aver favorito la mafia, perché «il fatto non sussiste».

In realtà, qualche dubbio i magistrati lo lasciavano aperto. La corrente andreottiana era la più legata alla mafia, i mafiosi ne avevano eliminato il capo, Salvo Lima, proprio perché ai loro occhi aveva tradito un patto. Però il collegio giudicante aveva considerato «confuse e contraddittorie» le dichiarazioni del pentito Baldassare Di Maggio sul presunto incontro tra Andreotti e Totò Riina nell'attico dell'esattore Ignazio Salvo, durante il quale il politico simbolo della Prima Repubblica e il capo della mafia si sarebbero salutati con un bacio: dettaglio che si vede nel film di Sorrentino *Il divo*, ma che coloro che conoscevano Andreotti e ricordavano le sue mosce strette di mano e la sua scarsa propensione alla fisicità escludevano nel modo più assoluto. «Non sufficientemente provati»

*Nella pagina precedente:* Craxi sulla spiaggia di Hammamet, anni Ottanta
*Qui sopra:* Bettino Craxi nella villa di Hammamet, anni Novanta. (Fondazione Craxi ETS)

invece i due presunti incontri di Andreotti con Stefano Bontate e altri esponenti di Cosa nostra a Catania e Palermo, in cui sarebbe maturata la decisione di uccidere il presidente della Regione Sicilia Piersanti Mattarella (il fratello dell'attuale capo dello Stato).

Insomma, la sentenza, pur lasciando ai colpevolisti più di uno spiraglio, fu accolta con sollievo e senso di riscatto non soltanto dai superstiti della Prima Repubblica, ma in genere da quel fronte della restaurazione che aveva sempre diffidato dell'operazione Mani pulite e dell'idea di una rinascita politica e morale del Paese per via giudiziaria. Un fronte che aveva il suo punto di riferimento naturale in Silvio Berlusconi, un portavoce sottile e ascoltato in Francesco

L'ex capo del Partito Socialista Italiano, rifugiatosi in Tunisia, al telefono. (Jeremy Bembaron/Sygma/Sygma via Getty Images)

Cossiga, e ramificazioni più profonde di quanto si pensasse anche nello schieramento di centrosinistra allora al governo. Compreso il presidente del Consiglio dell'epoca: Massimo D'Alema.

In sintesi: molti erano convinti che sui giudici D'Alema la pensasse come Berlusconi e come il mentore del suo governo, che era appunto Cossiga. L'unica differenza era che D'Alema non lo poteva dire.

In ogni caso, l'assoluzione di Andreotti dall'accusa di mafia pareva chiudere un decennio e una stagione: quella della giustizia, secondo i sostenitori; o del giustizialismo, secondo i detrattori.

Mancava un solo tassello, il più grande. L'uomo che, proprio per la sua figura ingombrante, aveva evocato immagini da caccia grossa, compreso il soprannome – coniato da Vittorio Feltri sulla stampa di destra – di «Cinghialone».

Dal giornale mi telefonarono la domenica sera. Ero stato trasferito da Torino alla redazione romana della «Stampa». In questi casi le chiamate sono sempre di poche parole: «Craxi sta male, dicono che sia grave, parti subito per Hammamet».

Arrivammo a Tunisi il giorno dopo. Era un tempo in cui i quotidiani italiani erano ancora ricchi. Gli inviati viaggiavano molto, spesso diventavano amici tra loro. Da quel punto di vista, la trasferta tunisina fu molto fortunata. Sull'aereo c'era Fabrizio Roncone del «Corriere della Sera», che oggi è per me persona di famiglia. C'era Daniele Mastrogiacomo di «Repubblica», anche lui destinato a diventare un amico caro, per cui avrei trepidato al tempo del suo rapimento in Afghanistan e della sua ammirevole resistenza nelle mani dei talebani. E c'era uno dei giornalisti più simpatici di tutti i tempi, Vittorio Dell'Uva del «Mattino» di Napoli, che rendeva gradevoli persino cose abbastanza insopportabili come le barzellette.

Sul posto, poi, c'era già da giorni l'inviato del «Giornale», il mio fraterno amico Gianni Pennacchi, destinato a diventare un uomo-chiave di questa storia. Ci siamo voluti un bene profondo, lo considero tuttora una delle persone migliori – professionalmente e umanamente – incontrate nel mio lavoro, e mi piace aprire una parentesi privata in questo racconto per mettere in comune con voi lettori il ricordo di Gianni.

**Dal giornale mi telefonarono la domenica sera. Ero stato trasferito da Torino alla redazione romana della «Stampa». In questi casi le chiamate sono sempre di poche parole: «Craxi sta male, dicono che sia grave, parti subito per Hammamet».**

Luglio 1997. Bettino Craxi all'ingresso della casa di Hammamet. (Leonardo Cendamo/Getty Images)

Gianni Pennacchi era stato un extraparlamentare di sinistra. Un giorno a Trastevere, per difendere un compagno disabile dai poliziotti, si era messo nei guai ed era dovuto partire latitante, maturando una certa insofferenza verso la magistratura. Era senza dubbio innocente: dolcissimo, incapace di fare del male a una mosca, marito innamorato di Anna, genitore adottivo di Larissa, sarebbe morto per le conseguenze di un incidente domestico mal curato negli ospedali: era caduto mentre saliva su una scala per prendere l'albero di Natale da addobbare per sua figlia bambina.

Come molti di quella cerchia e di quella generazione, Pennacchi aveva trovato rifugio prima tra i radicali, poi nei giornali

Hammamet,
gennaio 1996.
(Maurizio Maule/
IPA)

Luglio 1997. Craxi alla sua scrivania. (Leonardo Cendamo/Getty Images)
*Nella pagina seguente:* Hammamet. (Fondazione Craxi ETS)

berlusconiani, un altro ambiente dove i magistrati non erano visti con simpatia. Bello come il sole, Gianni era diventato anche un personaggio letterario e cinematografico, grazie a suo fratello Antonio Pennacchi, autore del romanzo autobiografico *Il fasciocomunista*. Gianni era Manrico, il fratello più grande, più alto e appunto più bello. Nel film tratto dal libro, *Mio fratello è figlio unico*, Gianni era interpretato dal bello per eccellenza del cinema italiano, Riccardo Scamarcio. «il Giornale» si divertì a pubblicare in prima pagina le due foto accostate di Scamarcio e di Gianni da giovane: non c'era confronto, e a vantaggio del giornalista.

Il Gianni Pennacchi del 1999, al momento della nostra storia, era ovviamente molto diverso. Il tempo gli aveva scavato il viso che

Craxi in Tunisia negli anni Novanta. (Fondazione Craxi ETS)

assomigliava un po' a quello affilato di una vecchina, cui i lunghi capelli bianchi davano l'aspetto di una strega dei cartoni animati, indulgente anche se talora dispettosa.

La prima cosa che mi colpì in quella Tunisi di fine ottobre, oltre al caldo innaturale, furono le strade piene di buche. L'Italia di allora era ancora un Paese ricco, almeno abbastanza da potersi permettere strade curate e relativamente sicure. La Tunisia di fine millennio faceva a un occidentale l'effetto che oggi può fare Roma e in genere l'Italia a un turista americano.

A Tunisi scendemmo in un albergone impersonale da sceicchi, l'Abou Nawas, con i marmi, le fontane e le scale mobili nella hall. Su suggerimento di Gianni, l'avrei presto abbandonato per un piccolo albergo alle porte della medina, la Maison Blanche, una casa appunto bianca piena di pezzi di antiquariato, un ambiente intimo che ricordava un po' l'hotel dove a Roma viveva Bettino Craxi, il Raphaël. Ma sul momento non c'era tempo da perdere

**Anni Novanta (Jeremy Bembaron/ Sygma/Sygma via Getty Images)**
***Nella pagina seguente:***
**con il nipote in spiaggia. (Fondazione Craxi ETS)**

nelle sistemazioni alberghiere. Bisognava capire come stava Craxi, e soprattutto dove diavolo fosse.

La famiglia, almeno all'apparenza, non aveva alcuna intenzione di collaborare alla ricerca. Verso i giornalisti sembrava diffidente, se non ostile; e con qualche buona ragione. Troppi i voltafaccia, i cronisti e i direttori amici, quando non cortigiani, che erano passati dall'altra parte, e si erano trasformati in critici, se non in accusatori. E questo era accaduto sia tra i filocomunisti, sia in parte tra i filoberlusconiani. Per entrambi, Bettino Craxi era un ricordo ingombrante. Il nemico che a un tratto si era fatto indulgente, ad esempio aiutando il partito nato dalle ceneri del Pci a entrare nell'Internazionale socialista. E l'amico che da presidente del Consiglio aveva salvato le nascenti tv private ma che, caduto in disgrazia, divenuto impopolare, rappresentava un problema, un peso inutile di cui liberarsi.

Fatto sta che come prima cosa ci precipitammo nella clinica di Nabeul, vicino ad Hammamet, dove secondo le notizie d'agenzia Craxi era stato ricoverato. Solo che in quella clinica Craxi non c'era più.

Il mattino dopo si seppe che era all'ospedale militare di Tunisi, un palazzone alla periferia della capitale. Le guardie all'ingresso avevano l'incarico di non far passare i giornalisti, ma solo i familiari. Con l'inviata del «Messaggero», Marida Lombardo Pijola – anche lei come Gianni purtroppo non c'è più –, ci guardammo negli occhi, ci prendemmo sottobraccio e ci dicemmo che avremmo potuto essere una coppia di cugini di Craxi, venuti dall'Italia a trovarlo.

Marida era una giornalista bravissima, oltre che bellissima, e nessuno osò fermarla. Salimmo al quinto piano, nella sala 1 del reparto Rianimazione e terapia intensiva, dov'era ricoverato Craxi. Solo che Craxi non era neppure lì. Cioè era lì, in ospedale, ma in quel momento era stato portato a fare un'ecografia. Il letto disfatto

**Hammamet, 1996. (Archivio Cicconi/Getty Images)**

era vuoto, il televisore da cui il paziente poteva seguire Rai 1 era spento. Colpiva un mazzo di rose rosse, dono del cerimoniale del presidente – diciamo pure dittatore – Ben Ali, ignaro che il fiore simbolo del craxismo fosse semmai il garofano. A mezzogiorno era atteso l'arrivo del professor Guediche, potente medico personale di Ben Ali, in visita al «paziente italiano», come presero a chiamarlo i giornali di Tunisi.

Fuori dalla stanza trovammo un infermiere, che sul camice bianco esibiva orgogliosamente una grossa spilla con il proprio nome, che poi era uguale al cognome: «Ahmed Ahmed». Il signor Ahmed Ahmed era lì per portare il pranzo: una scodella di brodo di verdure. Soddisfatto per quell'inattesa attenzione riservata alla sua persona, ci disse tutto fiero che Craxi non stava poi così male, che era presente a se stesso, financo di buon umore, e che le analisi del sangue segnalavano un miglioramento: in particolare erano scese le transaminasi, segno che il danno epatico stava regredendo.

Anche perché poi quale fosse esattamente la malattia di Craxi non lo sapeva nessuno. Sapevamo che aveva il diabete, e che tentava di arginarlo con feroci diete, sempre disattese una volta che si sedeva a tavola: magari ordinava verdure, poi però mangiava nei piatti degli altri, e a Bettino nessuno dei commensali osava dire di no (lo racconta Enzo Bettiza, che Craxi aveva fatto eleggere al Parlamento europeo, nel suo bellissimo libro *Mostri sacri*, di cui riparleremo). Non sapevamo però che la situazione era molto più grave di quel che si pensasse. Quando il piede di Craxi si aprì, in una di quelle lesioni difficilissime da curare tipiche delle fasi avanzate del diabete, Antonio Di Pietro disse che Craxi aveva un «foruncolone».

E anche noi quel giorno contribuimmo un poco a creare quel clima di sottovalutazione.

All'uscita dell'ospedale Marida e io fummo assaliti dai cronisti in attesa, un po' incuriositi, un po' insospettiti: non erano mica lì per farsi dare un «buco» da «Messaggero» e «Stampa». C'erano gli inviati delle agenzie, dei giornali nazionali e regionali, delle tv. Quasi tutti credevano che la malattia di Craxi fosse una manovra politica per facilitarne il rientro in Italia. E quasi tutti avevano voglia di tornare a casa.

Così, quando riferimmo le parole di Ahmed Ahmed, la reazione fu un misto di ilarità e di sollievo. Ahmed Ahmed fu rapidamente promosso caposala – ma temo che un collega d'agenzia l'avesse presentato come cardiochirurgo, anzi come il primario di Cardiochirurgia – e Craxi venne dato per convalescente, sul punto di essere dimesso, insomma quasi guarito.

Le cose però stavano molto diversamente.

Per il pomeriggio era annunciata una conferenza stampa improvvisata di Stefania Craxi. La primogenita di Bettino compiva quel giorno trentanove anni. Indossava un vestito berbero molto bello, verde con decorazioni argentate, lungo fino ai piedi, di cui tormentava di continuo la manica; ed era incazzatissima. Con tutti: i giudici, i comunisti, Luciano Violante che aveva definito la sua famiglia «sudamericana», Giuliano Amato e gli altri socialisti che lei definiva traditori e ignavi, e ovviamente noi giornalisti.

**Stefania ringraziò i medici tunisini che si stavano prendendo cura di lui. E spazzò via ogni ipotesi di rientro in Italia: «Un uomo che ha servito il Paese per quarant'anni non ha certo interesse a rientrarvi grazie a un salvacondotto medico».**

Craxi in posa ad Hammamet nel luglio 1997.
(Leonardo Cendamo/Getty Images)

6565 TG

Craxi nella sua villa ad Hammamet, anni Novanta.
(Barry Iverson/Getty Images)

Non conoscevo Stefania, e mi colpì molto. La sua rabbia sembrava sempre sul punto di esplodere, nell'aggressività o nel pianto, ma nello stesso tempo era il suo carburante, il suo modo di restare legata alle persone e alle cose. Si creò tra lei e noi inviati uno strano legame. Da una parte eravamo i persecutori: il tono dei reportage dalla Tunisia era decisamente severo nei confronti di Craxi. Ma avevamo pur sempre bisogno di notizie dalla famiglia. E quindi finivamo per diventare, se non complici, comprimari di una vicenda molto più grande anche dei protagonisti. Che erano da una parte Bettino Craxi, e dall'altra lo Stato italiano, che Craxi aveva governato e condizionato per tanti anni.

Quel giorno Stefania parlò a lungo. Disse che il padre stava molto male. Tanto male da non aver sfogliato il pacco dei quotidiani italiani, che a Tunisi arrivavano dopo tre giorni, e neppure la rassegna stampa, che si faceva mandare ogni mattina via fax. La crisi era dovuta a complicazioni epatiche, innescate da un virus o dall'insufficienza cardiaca. Precisò che il cuore pompava solo il 25 per cento del sangue: nessuno capì bene cosa volesse dire, e che ne fosse del restante 75 per cento; comunque la cosa fece una certa impressione. Tutto nasceva dal diabete, ma richiedeva una serie di esami. Stefania ringraziò i medici tunisini che si stavano prendendo cura del padre. E spazzò via ogni ipotesi di rientro in Italia: «Un uomo che ha servito il Paese per quarant'anni non ha certo interesse a tornarvi grazie a un salvacondotto medico».

La conferenza stampa finì, quasi tutti se ne andarono, ma Stefania continuò a parlare, in un conciliabolo con pochi di noi. Raccontò che il padre era di umore pessimo e si comportava da paziente difficile: «Stefania, sollevami il letto», «Stefania, vorrei del sale», «Stefania, portami dell'acqua». Qualcuno le riferì le aperture del premier D'Alema e del nuovo capo della procura di Milano, Gerardo D'Ambrosio: entrambi si erano detti favorevoli, a determinate condizioni, al rientro di Craxi in Italia. D'Ambrosio aveva appena preso il posto di Francesco Saverio Borrelli, e sembrava aver scelto un approccio più morbido, più «politico» alla vicenda (nel 2006 sarebbe stato eletto al Senato con il centrosinistra).

La morte di Craxi in terra straniera avrebbe rappresentato un problema grave per il governo. Nella maggioranza c'erano sì i nemici di Bettino – tra cui lo stesso Di Pietro, che quel giorno aveva ribadito: «Se Craxi torna in Italia deve essere arrestato, i benefici si danno ai detenuti non ai latitanti». Ma nella maggioranza di

Craxi nel centro di Hammamet. (Fondazione Craxi ETS)
*Nella pagina seguente:* Hammamet 1995.
(Mondadori Portfolio/Archivio Giorgio Lotti/ Giorgio Lotti)

governo c'erano anche i socialisti di Enrico Boselli. Oltre a storici dirigenti del Pci che a Craxi avevano sempre guardato con favore, a cominciare dall'ex ministro dell'Interno (e futuro presidente della Repubblica) Giorgio Napolitano.

Stefania ci ascoltò, fece uno di quei suoi sorrisi brevi, nervosi, e sibilò: «Ma non l'avete ancora capito? Mio padre non tornerà mai in Italia appeso alla benevolenza dei giudici. Non lo vedrete mai atteso dalla polizia, piantonato in ospedale, tenuto sotto controllo. Mio padre vuole tornare in Italia da uomo libero». Altrimenti? «Altrimenti non tornerà più.»

Qualche giorno dopo venne a trovarci in albergo a Tunisi il secondogenito di Bettino, da lui designato come erede politico. Si chiamava Vittorio, come il nonno, avvocato socialista siciliano

divenuto il viceprefetto di Milano con la Liberazione; ma tutti lo chiamavano Bobo.

Bobo Craxi era molto diverso dalla sorella, e forse questa differenza di carattere ha fatto sì nel tempo che i due non si siano sempre capiti. Nei giorni della malattia e della morte del padre, però, Bobo e Stefania furono sempre molto uniti. Non a caso quel pomeriggio Bobo ci disse – in modo meno secco, meno duro – le stesse cose che ci aveva detto la sorella: il padre stava male sul serio. Aggiunse che gli esami avevano evidenziato un'ombra al rene sinistro: forse una cisti, forse qualcosa di più grave. In ogni caso, il rientro in Italia non era all'ordine del giorno.

Eppure, in Italia ci si stava convincendo del contrario.

Bobo era un giovane uomo che stava molto soffrendo. Quando lo vidi, ripensai a una copertina di «Cuore», il settimanale di Michele Serra che allietava i lunghi lunedì in redazione: in prima pagina c'era un gigantesco fotomontaggio di Craxi dietro le sbarre con il titolo *Pensiero stupendo*, e un fotomontaggio più piccolo del figlio, sempre in carcere, con il titolo *Pensierino stupendino*. Non ho conosciuto Bobo nei giorni del potere, e non posso dire come fosse allora. In Tunisia quel suo tratto un po' infastidito, con qualche punta di sussiego, da figlio di Craxi insomma, non riusciva a celare la sua reale natura di persona dolce, malinconica, affettuosa. Con molti di noi stabilì un ottimo rapporto, che divenne una stretta amicizia in particolare con Gianni Pennacchi: insieme firmarono un libro pieno di dettagli che ancora adesso è indispensabile per ricostruire quella vicenda. L'ha pubblicato Elvira Sellerio e si intitola come l'indirizzo di casa Craxi: *Route El Fawara. Hammamet*.

**Tunisia, anni Novanta. Una passeggiata sulla spiaggia.**
**(Jeremy Bembaron/Sygma/Sygma via Getty Images)**

**Gli uomini di potere non sono mai soli. Quando era potente, Craxi aveva semmai nella sua vita il problema del sovraffollamento. Ora che potente non era più, si era creato una piccola corte, appunto da monarca decaduto in esilio.**

Quella casa, ribattezzata un po' pomposamente «Dar Craxi», alla araba, con il giardino dove nel 1969 i rabdomanti tunisini avevano trovato l'acqua, protetta da un lungo muro bianco e da una pattuglia di «tigri», come si chiamavano gli agenti del corpo speciale che Ben Ali aveva mandato a vigilare e già che c'erano a spiare l'esilio – o la latitanza, o la cattività – di Craxi, era e sarebbe rimasta a noi sbarrata.

Craxi tra i piedi non voleva nessun giornalista.

Eppure quella casa era piena di gente.

Gli uomini di potere non sono mai soli. Quando era potente, Craxi aveva semmai nella sua vita il problema del sovraffollamento. Ora che potente non era più, si era creato una piccola corte, appunto da monarca decaduto in esilio. Una corte di familiari e famigli. Di parenti e di imparentati. A volte i ruoli si intrecciavano sino a mescolarsi. Umberto Cicconi, il fotografo ufficiale, incaricato pateticamente di tracciare nottetempo scritte sui muri di Milano – «Craxi, ritorna!» –, era il fratello di Scintilla, la moglie di Bobo e quindi nuora di Bettino. Nicola Mansi, l'autista, non potendo più scarrozzarlo in giro insisteva per passare le notti in ospedale, in aggiunta o al posto degli infermieri. Depositario dei segreti più intimi del leader, ci raccontò che un giorno a Roma l'auto di Craxi era stata seguita da due motociclisti che ai semafori la affiancavano gridando «ladro, ladro». Al terzo semaforo Craxi gli aveva detto:

Craxi nella sua casa di Hammamet. (Mondadori Portfolio/ Archivio Giorgio Lotti/Giorgio Lotti)

«Nicola, chiudili». Lui li aveva chiusi con la macchina. Craxi era sceso, li aveva affrontati e riempiti di botte, poi era risalito ansimante sull'auto e aveva mormorato: «Nicola, riparti».

Intanto l'estate di San Martino tunisina era finita. I primi giorni Gianni mi aveva portato a fare il bagno sulla spiaggia di Cartagine; ma ormai l'acqua era diventata fredda. Facevamo su e giù tra Tunisi e Hammamet, alla ricerca di ristoranti che offrissero un menù diverso da quello consueto: la *mechouia*, l'insalata con tonno e peperoni, insaporita con l'harissa, una salsa piccante; il cuscus con la cernia, che Vittorio Dell'Uva evitava perché gli ricordava il cibo che dava al suo gatto; l'agnello al forno, i datteri, e un vino rosso molto forte, il Vieux Magon, di cui Gianni era ghiotto.

1996. (Maurizio Maule/IPA)

La Tunisia era una dittatura retta con pugno di ferro da Ben Ali, un satrapo con baffoni da barbiere anni Cinquanta, devotissimo a Craxi ma inviso a gran parte del popolo, che infatti l'avrebbe deposto al tempo delle primavere arabe. Il Paese era molto sicuro, ma guidare di notte era impossibile, le strade erano una via crucis di posti di blocco dove ci fermavano sempre, con le torce e i mitra.

Una di quelle gite alla ricerca di un ristorante decente fu funestata dall'intervista che avevo strappato ad Anna Craxi. Mi annoiavo a scrivere sempre le stesse cose, così un pomeriggio composi il numero del villone di Hammamet, rispose la moglie di Craxi, e accettò di rispondere a qualche domanda. Mi raccontò delle telefonate che riceveva dall'Italia: Veronica Berlusconi chiamava ogni sera, ma pure Giuliano Amato e Claudio Martelli, considerati dai craxiani stretti come traditori, si erano fatti vivi.

**Con la moglie, Anna Moncini, in un momento di relax. (Fondazione Craxi ETS)**

Luglio 1997. Craxi ad Hammamet con il figlio Bobo.
(Leonardo Cendamo/Getty Images)

La signora Craxi aveva l'impressione che il clima in Italia nei confronti del marito stesse cambiando. Qualcosa si stava muovendo.

Scrissi l'articolo. Il direttore della «Stampa», Marcello Sorgi – anche lui avrebbe scritto un libro su Hammamet –, mi chiamò per complimentarsi. Con i colleghi sul posto, però, c'era un tacito patto di non belligeranza, insomma di non scannarci per una notizia in più o in meno. Che fare? Andare a cena e far finta di nulla? Se ne sarebbero accorti il giorno dopo, e sarebbe stato peggio. Così, a metà strada – ricordo che eravamo in cinque ed ero seduto dietro, in mezzo – la buttai lì: «Oggi ho fatto due parole con Anna Craxi...». In auto scese il gelo, che continuò pure a tavola. Quando Fabrizio Roncone si alzò per andare in bagno, lo seguii e gli chiesi se avessi sbagliato qualcosa. Ricordo ancora il suo tono affettuoso, bonario, ma pure un po' incazzato: «Aldo mio, tu hai fatto il tuo lavoro, ma siamo tutti qui, lontani da casa, abbiamo detto ai nostri giornali che pure oggi non succede niente, e tu te ne spunti fuori alle undici di sera a dire che hai intervistato Anna Craxi... dai, su».

Altre sere con Gianni Pennacchi uscivamo a passeggiare sulla spiaggia, fino a un posto che ci piaceva molto: il cimitero cristiano. Era un angolino di terra proprio sotto le mura della medina, la città vecchia, e il mare. Dall'Ottocento in poi vi si seppellivano i morti della comunità coloniale, che con il tempo si era rarefatta. Alcune lapidi erano molto antiche e non venivano visitate da tempo. Una commemorava un bambino che «visse tra due crepuscoli», insomma un solo giorno.

Poi dall'Italia arrivavano altri cronisti a dare il cambio a quelli che erano sul posto da settimane. Il più simpatico era Marco Sassano del «Giorno»: aveva una lunga storia alle spalle, era stato uno degli studenti del liceo Parini processato per l'inchiesta sul sesso del giornale scolastico, «La Zanzara», dove scrivevano anche Walter Tobagi e Vittorio Zucconi, due grandi giornalisti che non ci sono più, uno assassinato dai terroristi rossi, uno spento da una malattia precoce. Marco era stato un cronista di punta al tempo delle stragi di Stato, ma ci raccontava soprattutto dei viaggi attorno al mondo che faceva con i punti accumulati con la carta American Express. Quel servizio tunisino però gli piaceva, lo riportava agli anni della giovinezza, e poi aveva lavorato all'«Avanti!», il mondo socialista lo conosceva bene. Ricordo poi l'inviato di un giornale progressista che era ossessionato dalle prostitute, era reduce dall'Africa nera dove assicurava di averne trovate di bellissime, e non si capacitava che in Tunisia fossero praticamente introvabili, se non nel bordello della medina, un altro posto che pareva uscire dall'Italia anni Cinquanta, prima dell'abolizione delle case chiuse. Era un luogo giornalisticamente straordinario da raccontare – un alveare di stanzette aperte, ognuna con una donna seduta sui gradini in attesa, e un materasso dietro la porta pronto alla bisogna –, ma che avrebbe scoraggiato anche il più ardimentoso degli amatori occidentali, e non solo perché era frequentato da sfruttatori e borseggiatori. Era un luogo di dolore, non di amore.

**Con la figlia Stefania. (Fondazione Craxi ETS)**

Vizio per vizio, meglio il casinò di Hammamet, che non chiudeva mai. Lì mi resi conto che, a segnarsi i numeri della roulette – cosa perfettamente lecita –, e a puntare sui numeri in ritardo, prima o poi si potevano vincere anche grosse somme: gli statistici lo negano, in teoria ogni volta che si getta la pallina qualsiasi numero ha le stesse possibilità di uscire; in realtà, se il 9 è uscito venti volte e l'8 mai, prima o poi, se la roulette non è truccata, l'8 uscirà. Ma giocare così diventava un lavoro, e Gianni e io ci stufammo presto.

Era un'altra la partita che ci interessava.

Da Milano arrivarono i due avvocati di Craxi, Giannino Guiso e Vincenzo Lo Giudice. Entrambi erano stati difensori dei militanti di estrema sinistra, e quindi avevano confidenza con processi che ritenevano politici. Stavano preparando un ricorso alla Corte europea dei diritti dell'uomo, contro le due condanne passate in giudicato.

Ma a noi la questione legale non interessava più di tanto. Volevamo sapere se Craxi stava guarendo o stava morendo. E se sarebbe tornato in Italia o sarebbe rimasto ad Hammamet.

La famiglia stava esplorando varie piste. Si pensava a un ricovero a Parigi; ma, dopo un'iniziale disponibilità, il governo francese aveva fatto sapere che Craxi non era persona gradita. Il suo vecchio amico François Mitterrand era morto, il nuovo presidente Jacques Chirac era di destra, e il primo ministro socialista Lionel Jospin aveva altro cui pensare.

Un'altra ipotesi era chiedere un passaporto Onu: Craxi era stato alto commissario delle Nazioni Unite per il debito dei Paesi in via di sviluppo; un documento internazionale avrebbe potuto rappresentare un salvacondotto.

C'era anche la pista americana: un intervento a Houston, nella clinica specializzata in cardiochirurgia frequentata pure da Agnelli e Berlusconi. Ma Craxi entrò subito in fibrillazione: «Non mi fido del presidente Clinton. Gli americani non hanno mai dimenticato la beffa di Sigonella. Me la farebbero pagare».

La via più naturale pareva il rientro in Italia. Ma come? La famiglia pensava a una commissione d'inchiesta parlamentare su Tangentopoli, i cui lavori sarebbero stati conclusi da un'amnistia. Ma era un'operazione dai tempi lunghi. I politici potevano aspettare, i medici no.

**Il 19 novembre, intervenendo al congresso di quel che restava del Psi, Berlusconi si era rivolto a Ciampi, «il presidente che noi abbiamo contribuito a eleggere», chiedendo la grazia per Craxi. La famiglia non prese bene quella mossa. La grazia era impossibile; anche perché Bettino non aveva alcuna intenzione di chiederla.**

Berlusconi era stato prudente. Intervistato dai giornalisti al Parlamento europeo di Strasburgo sul rientro in Italia di Craxi, aveva risposto: «Non credo che i tempi lo rendano possibile». I giornalisti l'avevano incalzato: ma come, non era suo amico? E lui si era fatto ancora più cauto: «Mi trovo a essere vincolato a forme di prudenza perché, ahimè, mi trovo sottoposto al giudizio dei magistrati. Non sono un uomo libero». Berlusconi, insomma, doveva badare a se stesso.

Qualche giorno dopo, il 19 novembre, intervenendo al congresso di quel che restava del Psi, in mano a Gianni De Michelis, Berlusconi si era rivolto a Ciampi, «il presidente che noi abbiamo contribuito a eleggere», chiedendo la grazia per Craxi.

La famiglia non prese bene quella mossa. La grazia era impossibile; anche perché Bettino non aveva alcuna intenzione di chiederla. «La grazia la dà il capo dello Stato, non il capo dell'opposizione» sorrise amaro Bobo. In serata Carlo Azeglio Ciampi fece un comunicato per ricordare che il presidente è vincolato solo alla Costituzione e alle leggi, non insomma ai partiti che l'avevano eletto.

La storia della grazia morì lì. E i giudici di Milano fecero sapere: se Craxi torna, potrà avere gli arresti domiciliari. Niente carcere. Ma neppure niente libertà.

Qualcos'altro bolliva però nel pentolone della politica.

Il governo D'Alema fece sapere che una qualche soluzione si sarebbe trovata. Anche perché circolava la voce che Craxi avesse bisogno di un intervento chirurgico urgente.

**Bettino Craxi davanti al mare, luglio 1997.**
**(Leonardo Cendamo/Getty Images)**
***Nella pagina seguente:*** **20 gennaio 1996: Craxi nella sua casa ad Hammamet. (Maurizio Maule/IPA)**

L'ombra sul rene non era una cisti. Era un tumore.

Bisognava saperne di più. E, siccome nella casa non c'era verso di entrare, bisognava trovare una fonte che nella casa ci fosse già. E chi poteva averla, quella fonte? Il mio amico Gianni Pennacchi.

Gianni aveva tentato in ogni modo. Aveva anche girato la costa tunisina alla ricerca di garofani, un fiore che d'autunno in Nord Africa è praticamente introvabile. Alla fine Gianni li aveva trovati, e ne aveva mandato un mazzo a casa con una lista di domande, accompagnata da un biglietto indirizzato a «Monsieur le Président» con la scritta: «I suoi fiori torneranno a fiorire».

La risposta di Craxi non arrivò mai.

Ma Gianni trovò un'altra strada.

Nella strana corte in esilio riunita nel villone di Hammamet, c'era mezza giunta di Aulla, ridente borgo della Lunigiana, capitanata dal sindaco, Lucio Barani, cui non pareva vero di vivere una pagina di storia dal di dentro. Uno degli assessori di Aulla si era fidanzato con una nipote di Craxi. In cambio di qualche citazione sui giornali – Barani e i suoi erano fissati con i «club Craxi» che avrebbero voluto costituire ovunque, pure in Sud America –, ci riferirono di una drammatica telefonata tra Bettino e Paolo Pillitteri, suo cognato – che se n'è andato il 5 dicembre 2024, nel giorno del suo ottantaquattresimo compleanno –, bloccato a Milano perché la procura gli aveva ritirato il passaporto.

Pillitteri invitava Craxi a tornare. E lui replicò con parole definitive: «Voglio restare qui, in Tunisia. Farmi operare qui e, se deve accadere, morire qui, e qui essere sepolto. Avevo detto che sarei tornato in Italia da uomo libero, oppure da morto. Ma ora non tornerei neppure in una bara: perché neanche da morto sarei libero, ora che la mia figura è stata infangata».

Invano la sorella Rosilde lo implorava in lacrime: «Bettino, non fare sciocchezze, Bettino, non correre rischi inutili, pensa alla

**Ci riferirono di una drammatica telefonata di Craxi a Pillitteri: «Voglio restare qui, in Tunisia. Farmi operare qui e, se deve accadere, morire qui, e qui essere sepolto. Avevo detto che sarei tornato in Italia da uomo libero, oppure da morto. Ma ora non tornerei neppure in una bara: perché neanche da morto sarei libero, ora che la mia figura è stata infangata».**

tua salute, non lasciarti morire». Ma Craxi insisteva: «Non posso tornare in Italia e farmi piantonare in ospedale dai carabinieri. Mi condannano a morire in esilio. Sia. Meglio morto che continuare così. Io amo troppo l'Italia per tornarci da carcerato». A quel punto anche la figlia di Rosilde, Maria Vittoria, era scoppiata a piangere: «Zio, lascia almeno che ti operino in Francia. Se resti lì, muori». E lui: «Voglio essere operato qui, voglio che la Tunisia abbia l'orgoglio di poterlo fare, perché è l'unico Paese che mi ha dato asilo e amore. La mia salute non mi interessa. Ho dato tutto per il mio Paese. Vivo per il mio Paese. Perché mi ripaga con l'ingratitudine e con l'offesa?».

Pennacchi e io scrivemmo tutto. Mentre in Italia ci si attendeva il rientro di Craxi da un giorno all'altro, «il Giornale» e «La Stampa» aprirono con il titolo: *Craxi: muoio qui, in Italia non torno.*

Potevano sembrare parole enfatiche, retoriche, gettate al vento.

Invece era esattamente quello che stava per accadere.

L'ombra sul rene era davvero un tumore. Craxi doveva essere operato subito. I medici però erano divisi. Per i cardiologi, bisognava prima intervenire sul cuore, per applicare un triplice by-pass.

Ma per i nefrologi, capitanati dal professor Patrizio Rigatti del San Raffaele di Milano, l'intervento al rene era molto urgente. Certo rappresentava un rischio; non si sapeva se il cuore avrebbe tenuto; ma non c'era tempo da perdere.

Craxi, dimesso dall'ospedale militare, aspettava a casa. Di notte non riusciva a dormire, prendeva sonno all'alba, poi restava a letto fino a mezzogiorno. Lo tenevano a stecchetto: un brodo di verdure, un piatto di pasta in bianco, un po' di pane ma solo tostato, per abbassare l'indice glicemico. Scriveva furiosamente memoriali che pochi avrebbero letto, lavorava a un romanzo giallo ambientato a Parigi, dai tratti ovviamente autobiografici. Sbuffava quando andavano a prelevargli il sangue.

A conferma della gravità della situazione, arrivò dall'India il fratello Antonio, seguace di Sai Baba. Si raccontava di un interessamento del Vaticano. Stefania era stata dal segretario di Stato Angelo Sodano, senza ottenerne molto più di qualche buona parola e di un rosario benedetto da papa Wojtyła, per confortare l'infermo. Da Roma venne in visita monsignor Lino Lozza, rettore della basilica di Santa Maria in Lata, vecchio amico di famiglia, che assicurò: «Bettino sta ritrovando la fede, come quando da ragazzo serviva messa e voleva farsi prete».

Ma solo quando atterrò l'aereo del San Raffaele, con a bordo l'équipe medica e il fondatore don Luigi Verzé in persona, si capì che l'intervento era imminente. C'erano anche Rigatti e la diabetologa di Craxi, Ornella Melogli. E c'erano altri amici e familiari. Pagava Berlusconi.

Don Verzé era il più arrabbiato di tutti. Covava un odio personale per Francesco Saverio Borrelli, cui aveva scritto una lettera piena di maledizioni che il magistrato gli aveva restituito con un biglietto – «non voglio che questo scritto resti tra le mie carte» – accolto dal religioso come un'umiliazione personale. Don Verzé assicurava che Giovanni Paolo II era indignato dal trattamento riservato a Craxi e preoccupato per lo strapotere della magistratura.

Quanto ci fosse di vero, non lo sapremo mai. Sull'aereo c'era anche un inviato del «Corriere», venuto a rimpiazzare Roncone, che aveva scritto pezzi bellissimi. Il nuovo venuto fu accolto con una punta di freddezza e ci rimase malissimo; ma ormai eravamo un gruppo affiatato, un po' chiuso, animato dalla voglia di vedere come andava a finire.

L'intervento fu rocambolesco, eppure riuscì. Si era rotto il neon che illuminava la camera operatoria, e un infermiere dovette reggere una lampada con le mani per tutto il tempo. Il rene era stato asportato. Si seppe solo allora che era il destro, non il sinistro.

**Prima dell'anestesia Bettino aveva pianto, nel timore di non svegliarsi più. A mezzanotte era ancora intubato; ma ce l'aveva fatta. Al risveglio, Stefania gli sussurrò: «Papà, non ti hanno voluto neanche lassù».**

Don Verzé mi raccontò che Craxi era molto agitato. Non aveva chiuso occhio, come d'abitudine, e all'ospedale militare non si trovava neanche il solito pane tostato, il fido Nicola Mansi aveva percorso tutti i dodici piani senza trovare neppure una galletta. Prima dell'anestesia Bettino aveva pianto, nel timore di non svegliarsi più. A mezzanotte era ancora intubato; ma ce l'aveva fatta. Al risveglio, Stefania gli sussurrò: «Papà, non ti hanno voluto neanche lassù».

Noi passammo la giornata all'addiaccio fuori dall'ospedale, in attesa di notizie. Uscirono i medici, molto provati, molto prudenti. Stefania si gettò nelle braccia del marito Marco Bassetti. Si fece sotto la telecamera del Tg5, bloccata dalla polizia tunisina: «Che bello, adesso gliela sequestrano» sogghignò la figlia di Craxi.

L'atmosfera era quella di un pericolo scampato, ma anche di un torto subìto. Qualche agenzia aveva dato notizia che Craxi fosse in realtà in volo per Parigi, anzi per Londra, e la cosa aveva innervosito i familiari: «Sono sette anni che raccontate balle su di noi!». Un po' tutti ripeterono che i medici tunisini avevano fatto il possibile, ma pure che in un ospedale italiano sarebbe stato molto diverso.

In visita ufficiale a Madrid, il presidente della Repubblica Ciampi fece gli auguri a Craxi. A parte quel gesto di attenzione, in Italia stava andando in scena un gioco delle parti. Ognuno offriva o proponeva quello che non dipendeva da lui: D'Alema il rientro in patria, bloccato dai magistrati; Berlusconi la grazia, impossibile per il Quirinale.

I tempi della convalescenza erano incerti. Intanto si poteva fare il Natale a casa: Craxi ad Hammamet, noi con le nostre famiglie.

Poi si sarebbe visto.

Nessuno poteva immaginare che eravamo all'epilogo di quella che all'inizio era sembrata una farsa, e stava per finire in tragedia. L'epilogo di una vita non lunghissima ma molto intensa, iniziata sessantasei anni prima.

**Hammamet, un tuffo in piscina negli anni Ottanta.**
**(Fondazione Craxi ETS)**

# RITRATTO DI UN LEAD

R DA GIOVANE 2

# RITRATTO DI UN LEADER DA GIOVANE

Benedetto Craxi detto Bettino nasce a Milano il 24 febbraio 1934, sotto il segno dei Pesci, alle 5 del mattino, in una clinica in via Macedonio Melloni. È un bimbo in buona salute, pesa tre chili e ottocento grammi ed è il primogenito di Vittorio Craxi e Maria Ferrari, che avranno altri due figli: Antonio, nel 1936, e Rosilde, nel 1940.

Il padre Vittorio, siciliano trapiantato al Nord, viceprefetto della Milano liberata, lo definiva «molto discolo», o anche «una peste, un autentico Gian Burrasca». Oggi sarebbe definito un bambino iperattivo. Lui stesso, in un documentario di Filippo Martinez, confessava di essersi dovuto correggere nel tempo, perché i bambini che crescono e si formano durante le guerre sono «esposti a dei rischi». Ammetteva però che qualcosa di quelle asprezze del suo carattere giovanile era rimasto: «Certo, tutto sono tranne che una pappamolla. Però mi sono corretto molto. Magari mi correggerò ancora».

Quell'indole irruente, quel sorriso sottile e tagliente venivano da molto lontano.

La figlia Stefania dirà: «Papà era nato a Milano, parlava dialetto milanese, sapeva tutte le canzoni popolari, oltre a tutte le can-

*Nella pagina precedente:* Uno scatto degli anni Cinquanta.
*Qui sopra:* Bettino Craxi con la madre e il fratello Antonio, anni Trenta. (Fondazione Craxi ETS)

zoni politiche, da quelle anarchiche a quelle fasciste; ma era un siciliano».

I Crasci, o Craxì, sono una stirpe di giuristi – come racconta Bettino al giornalista Italo Pietra – sin dal 1427, quando un avo, Leonardo Crasci, era diventato governatore di Trapani.

Anche il nonno di Bettino, Benedetto, figlio di un'aristocratica spagnola, Caterina Vasquez, contessa di La Vera, si è laureato in Legge. Ma, poiché ha anche una seconda laurea in Lettere, fa il professore in un ginnasio di Messina, dove si è trasferito dal vicino paese di San Fratello. Benedetto muore sotto le macerie nel terremoto del 1908. Ma poco prima, nel 1906, a Messina, nasce il figlio Vittorio.

**Marzo 1976, Craxi parla con Francesco De Martino al Palazzo dei congressi all'Eur, sede del 40° Congresso del Psi. (Fondazione Craxi ETS)**

**Lui stesso confessava di essersi dovuto correggere nel tempo, perché i bambini che crescono e si formano durante le guerre sono «esposti a dei rischi». Ammetteva però che qualcosa di quelle asprezze del suo carattere giovanile era rimasto: «Certo, tutto sono tranne che una pappamolla. Però mi sono corretto molto. Magari mi correggerò ancora».**

La mamma di Bettino, Maria Ferrari, è invece nata in Lombardia, a Sant'Angelo Lodigiano, da una famiglia di commercianti e agricoltori. Avrà una fine tragica: morirà travolta da un'auto sulle strisce pedonali nel 1971. Parlando di lei in un'intervista televisiva, Bettino, convinto di averne ereditato il temperamento, dirà che era «una popolana intelligente e astuta». Nel 1932, a causa delle sue idee socialiste, Vittorio Craxì si trasferisce a Milano, dove il cognome perde l'accento finale. L'uomo resta fedele ai suoi ideali antifascisti.

Nel 1940 Bettino – bambino precoce che ha imparato a leggere a quattro anni – viene iscritto al collegio arcivescovile Edmondo De Amicis a Cantù, vicino a Como. L'idea di mandarlo in collegio è della nonna paterna, l'educatrice Ildegonda Testerini, preoccupata per l'esuberanza del nipote, che non riesce a star fermo un attimo

**1957, Craxi e Pietro Nenni al tavolo dei relatori durante una riunione del Comitato centrale del Psi. (Fondazione Craxi ETS)**

e spesso rompe oggetti o suscita le proteste dei vicini quando litiga con il fratello Antonio, cioè sempre. Del collegio Bettino conserverà buoni ricordi «di tanta umanità e tanta comprensione per un ragazzo che era considerato difficile per il suo carattere spigoloso e il suo temperamento ribelle». Tornato in visita nel 1986, da presidente del Consiglio, terrà un discorso soffermandosi sulla figura di Edmondo De Amicis, l'autore del libro *Cuore* a cui la «scuola di preti» era dedicata, e «che era stato senza dubbio un grande educatore, un apostolo, ma un apostolo laico e un socialista».

**1958, Craxi e Anna Moncini in una località balneare.**
**(Fondazione Craxi ETS)**

Anno scolastico 1947-48: Como, foto ricordo della classe IV A in cui compare un giovanissimo Craxi. (Fondazione Craxi ETS)

**1968. Comizio in una cascina del milanese.**
**(Fondazione Craxi ETS)**

Sotto la coperta della scuola cattolica passano gli inverni di guerra. Ma con l'intensificarsi dei bombardamenti alleati, dopo l'armistizio dell'8 settembre 1943, Bettino viene tolto dal collegio; anche perché in casa mancano i soldi per pagare la retta.

I Craxi perdono sotto le bombe la loro casa al centro di Milano, in viale Regina Margherita, e si trasferiscono nella zona più periferica di Lambrate. Qui Bettino frequenta l'oratorio di San Giovanni in Laterano, dove diviene chierichetto e sente una vera e propria vocazione. Don Francesco Ceriotti, futuro portavoce della Conferenza episcopale italiana, consiglia Vittorio Craxi sulle possibili scelte esistenziali del figlio: il seminario potrebbe fare per lui.

**«Da bambino avevo le visioni. Mi appariva Gesù. Un'illusione ottica, ma io allora ero convinto che Cristo guardasse proprio me. Accadeva nella sacrestia della chiesa di San Giovanni, in piazza Bernini a Milano, davanti a un dipinto che raffigura il volto della Sindone. Avevo dieci anni, facevo il chierichetto, stavo lì per ore sull'inginocchiatoio a fissarlo. E Gesù a un certo punto apriva le palpebre e mi guardava».**

Ricordando quel periodo, in un'intervista al giornalista Stefano Lorenzetto, nel 1999, Craxi racconta una vera e propria crisi mistica: «Da bambino avevo le visioni. Mi appariva Gesù. Un'illusione ottica, ma io allora ero convinto che Cristo guardasse proprio me. Accadeva nella sacrestia della chiesa di San Giovanni, in piazza Bernini a Milano, davanti a un dipinto che raffigura il volto della Sindone. Avevo dieci anni, facevo il chierichetto, stavo lì per ore sull'inginocchiatoio a fissarlo. E Gesù a un certo punto apriva le palpebre e mi guardava».

Durante la guerra, Vittorio Craxi entra nell'esecutivo clandestino del Partito socialista di Milano e prende contatto con diversi capi della Resistenza, compreso Sandro Pertini, quel presidente socialista di cui Bettino Craxi avrebbe favorito l'elezione, salvo poi indispettirlo nel 1979, presentandosi al Quirinale «in giacca e cra-

*In questa pagina e nella seguente:* Palermo 1984. Vittorio Craxi, padre di Bettino, alla commemorazione del generale Carlo Alberto Dalla Chiesa. (Mondadori Portfolio/Adriano Alecchi)

vatta, ma con i jeans, tanto per non essere troppo conformista». Pertini gli griderà: «Vai a cambiarti e torna con un abito scuro».

Lo studio del padre Vittorio in via Podgora diventa uno dei luoghi dell'attività clandestina del Comitato di liberazione nazionale. Bettino è troppo giovane per la Resistenza, ma segue il padre nel retrobottega di un calzolaio per ascoltare in segreto Radio Londra.

Ben presto però, per proteggersi, la famiglia decide di spostarsi nella Val d'Intelvi, a Casasco, al confine con la Svizzera. Qui Vittorio fa perdere le sue tracce, mentre Maria svolge un ruolo attivo nella Resistenza aprendo le porte di casa Craxi a ebrei e antifascisti.

È allora che Bettino – come ricorda Massimo Pini nella sua preziosa biografia – si discosta dalla vocazione religiosa e diventa un bambino vivace e avventuroso.

Un giorno, con il fratellino Antonio, scendendo dai boschi prende a sassate i vetri della Casa del fascio a Casasco, mentre in un'altra occasione accompagna con un amico un ufficiale in fuga verso la frontiera svizzera.

Milano, anni Ottanta. Craxi e la figlia Stefania in una via del centro. (Mondadori Portfolio/Archivio APG)

Bettino Craxi era ovviamente un antifascista. Tuttavia dalla figura di Benito Mussolini fu sempre affascinato; e non solo perché il Duce veniva dal Partito socialista. Alla figlia Stefania, Craxi parlava della saga di Giarabub, l'oasi dove i soldati italiani avevano resistito agli inglesi nella guerra nel deserto. È una cosa che mi ha raccontato lei stessa: «La domenica andavamo a passeggiare sul Lago di Como. Un giorno ci trovammo davanti al cancello contro cui fu fucilato il Duce. Il cartello diceva: FATTO STORICO. Craxi si indignò: "Che ipocrisia, si vergognano di quello che hanno fatto!". Così mi portò a comprare un mazzo di fiori e a deporli dove era morto Mussolini».

Con Giorgio Almirante, storico leader del Movimento sociale, Craxi del resto aveva un buon rapporto personale, che coltivò anche da presidente del Consiglio; e non solo per innervosire democristiani e comunisti, che si erano inventati «l'arco costituzionale», escludendo ovviamente i postfascisti. Mi ha detto Stefania: «Papà sognava che un fascista e un socialista andassero insieme a piazzale Loreto, dove si era consumata quella che riteneva un'infame barbarie, e rendessero omaggio sia alla memoria di Mussolini, sia a quella dei partigiani socialisti che lì erano stati fucilati».

Dopo il 25 aprile 1945, i Craxi tornano a Milano. Il padre Vittorio, su proposta di Sandro Pertini, è nominato viceprefetto. L'anno successivo diventa prefetto di Como, dove porta la famiglia.

**Mi ha detto Stefania: «Papà sognava che un fascista e un socialista andassero insieme a piazzale Loreto, dove si era consumata quella che riteneva un'infame barbarie, e rendessero omaggio sia alla memoria di Mussolini, sia a quella dei partigiani socialisti che lì erano stati fucilati».**

Bettino, ormai quasi adolescente, torna a frequentare la scuola: prima a Como, all'Istituto Gallio, poi di nuovo a Cantù al De Amicis, dove in una fase di ribellione gli viene trovata e sequestrata una piccola pistola Colt 38. Come si legge nel libro di Giancarlo Galli, *Benedetto Bettino*, persa la vocazione religiosa, era «un po' esaltato, con una carica epico-eroica». E si legge anche che litigava con gli educatori, raccontava storielle sporche e veniva preso a schiaffi da un prete, «di cui non mi sono dimenticato. Come ho ben presenti quanti, nella vita, hanno cercato di suonarmele».

In quegli anni il padre torna a Milano con l'incarico di ispettore generale. Alle elezioni del 1948 Vittorio si candida al Parlamento con il Fronte popolare, il cartello con i comunisti in cui Pietro Nenni ha schierato il Psi. Bettino sostiene il padre facendo volantinaggio. Quando però il ministro degli Interni Mario Scelba, capo dell'ala dura della Democrazia cristiana, scopre la scelta di Vittorio, gli toglie subito l'incarico, mettendo fine alla sua carriera di funzionario. In quelle elezioni i socialisti di Nenni e i comunisti di Palmiro Togliatti si presentano uniti, ma sono largamente superati dalla Dc, che ottiene oltre il 48 per cento dei voti e la maggioranza assoluta dei seggi. Alcide De Gasperi però decide di allargare la sua maggioranza di governo ai partiti laici. I socialisti devono sopportare una doppia sconfitta, non solo quella nazionale contro la Dc, ma anche quella contro gli alleati di sinistra, poiché i deputati comunisti sono aumentati, sia pure di poco, a scapito di quelli socialisti, che invece si sono più che dimezzati rispetto alle elezioni dell'Assemblea costituente del 1946.

È a partire da questo episodio che, secondo Venerio Cattani, dirigente socialista poi divenuto sostenitore di Craxi, Bettino avrebbe maturato un forte sentimento anticomunista. Era risentito verso il Pci che cresceva rubando consenso ai socialisti, ma ovviamente era ostile anche ai democristiani, che avevano vinto le elezioni e avevano fatto perdere al padre Vittorio il suo ruolo nell'amministrazione dello Stato. Ma è solo uno dei semi del sentimento anticomunista di Craxi.

Nel 1947 Bettino si iscrive al ginnasio Giosuè Carducci di Milano, dove farà anche il liceo. Legge filosofi come Feuerbach, ma si appassiona in particolare alla storia del Risorgimento e di Ga-

Craxi ed Enrico Berlinguer, anni Ottanta.
(Mondadori Portfolio/Archivio APG)

1983: al Palalido di Milano Craxi riceve in regalo un quadro raffigurante Garibaldi.
(Archivio Alberto Roveri/Mondadori Portfolio)

ribaldi, ne è talmente affascinato da collezionarne cimeli e ritratti. «Quando Craxi veniva in casa nostra a Palermo, dovevamo nascondere tutto quello che riguardava Garibaldi, se no in un modo o nell'altro ce l'avrebbe portato via» mi ha raccontato Rosanna Musotto, pittrice e madre di Francesco, storico leader del socialismo siciliano, poi passato come molti a Forza Italia. La collezione di oggetti garibaldini sarà poi bloccata dal tribunale, quando Craxi si rifugerà in Tunisia tentando di portarla con sé. Anni dopo verrà venduta all'asta e acquistata in blocco da un privato per oltre settantamila euro.

Il 25 aprile 1982, in un discorso tenuto a Marsala per il centenario della morte dell'eroe, Craxi aveva ricordato come Garibaldi, che aveva accolto le idee socialiste, fosse stato «un inesauribile combattente per la libertà e per l'indipendenza del proprio popolo e di tutti i popoli, un pioniere della lotta per l'emancipazione dei lavoratori, della giustizia e dell'eguaglianza sociale».

**Enrico Berlinguer, il più amato tra i segretari generali del Partito comunista italiano, lo definirà proprio «un buon giocatore di poker» in un'intervista a Giovanni Minoli nello storico programma *Mixer*. Craxi risponderà definendo Berlinguer «comunista accademico» e precisando: «Io non sono un giocatore d'azzardo, né nella vita né nella politica». Lo dirà con un sorriso che voleva essere un po' indignato un po' beffardo; ma aveva il labbro superiore molto sudato, e non gli venne bene.**

Alcuni suoi compagni non lo ricordano come uno studente socievole o brillante. Craxi sembra avere altri interessi rispetto allo studio: gioca a pallacanestro, entra nella squadra di rugby e trascorre le serate giocando a poker. Curiosamente Enrico Berlinguer, il più amato tra i segretari generali del Partito comunista italiano, lo definirà proprio «un buon giocatore di poker» in un'intervista a Giovanni Minoli nello storico programma *Mixer*. Craxi risponderà definendo Berlinguer «comunista accademico» e precisando: «Io non sono un giocatore d'azzardo, né nella vita né nella politica». Lo dirà con un sorriso che voleva essere un po' indignato un po' beffardo; ma aveva il labbro superiore molto sudato, e non gli venne bene.

Eppure i due erano stati in buoni rapporti, come si legge in un'intervista di Craxi a Piero Sansonetti sull'«Unità»: «Enrico e io ci conoscevamo da ragazzi. Lui era il segretario della Federazione giovanile comunista, io un dirigente del Movimento giovanile socialista. Ricordo che una volta lo invitai a parlare a Milano. Arrivò solo con il treno e mia moglie Anna andò a prenderlo alla stazione».

A diciassette anni Bettino si iscrive in gran segreto al Partito socialista, e il padre, che si era insospettito per via delle continue domande su Pietro Nenni, ricorderà: «Una sera, a tavola, mi disse che aveva preso la tessera, e si trasformò radicalmente».

Negli anni del liceo passa spesso a piazzale Loreto, vicino al Carducci. Gli resterà impresso lo steccato di legno con i manifesti stracciati contro il quale erano stati fucilati quindici antifascisti, tra cui diversi socialisti. Tornando da scuola, più di una volta lascia dei fiori ai quindici martiri. Giudica però, fin da allora, «barbara e infame» anche la scena dei corpi di Mussolini, di Petacci e dei gerarchi appesi in quello stesso luogo. Craxi è d'altronde, a suo

**Anni Cinquanta. (Fondazione Craxi ETS)**

**1965. A piazza Duomo, Craxi sul palco tiene il suo discorso.**
**Dedica autografa: «Fraternamente Bettino Craxi».**
**(Fondazione Craxi ETS)**

modo, per una pacificazione del Paese. Non immagina, non può immaginare che nel suo nome si accenderà una faida che, se non può essere ovviamente paragonata alla guerra civile quella vera, lo porterà comunque a un epilogo tragico.

Nel 1952 conclude la carriera liceale con l'esame di maturità. Le sole materie che sembrano interessarlo sono la storia e la filosofia.

A diciotto anni è alto un metro e ottantanove, porta occhiali spessi per via di una forte miopia, perde già i capelli; ma è considerato un bello. Tanto che, come confiderà all'editore Michele Mercurio, per un periodo fa anche l'attore di fotoromanzi.

Sempre nel 1952 si iscrive alla facoltà di Giurisprudenza dell'università di Milano, poi passa a Scienze politiche, prima all'università di Perugia e poi a quella di Urbino. Ma a causa dell'impegno politico non concluderà mai i suoi studi accademici, scontentando il padre che lo voleva avvocato. Anche Bettino Craxi, come molti leader politici, da Enrico Berlinguer a Giorgia Meloni, da Achille Occhetto a Matteo Salvini – ma se per questo pure Gabriele D'Annunzio e Benedetto Croce –, non era laureato. Le lauree *honoris causa* arriveranno man mano che progredirà la sua carriera politica: dall'università di Urbino, dalla Brown University di Providence, dalla Temple University di Philadelphia e dalla Catholic University di Washington.

All'università, comunque, comincia per lui la politica. Fonda il Nucleo universitario socialista, che fa parte del Cudi, il Centro universitario democratico italiano, a cui aderiscono le forze politiche della sinistra, quelle che si erano unite nel Fronte popolare. Ma nel 1956 il Cudi si scioglie. I socialisti e i comunisti confluiscono nell'Ugi, Unione goliardica italiana. Craxi entra così in contatto con giovani comunisti con cui collabora a una rivista, il «Risorgimento». Sono ragazzi che avrebbero poi fatto carriera nel

**A diciotto anni è alto un metro e ottantanove, porta occhiali spessi per via di una forte miopia, perde già i capelli; ma è considerato un bello. Tanto che, come confiderà all'editore Michele Mercurio, per un periodo fa anche l'attore di fotoromanzi.**

Pci, come ad esempio Achille Occhetto, che aveva cominciato la militanza nella Federazione giovanile nel 1953 per poi diventarne segretario nazionale nel 1962. Ma Craxi non lo ama, lo considera un burocrate, perché «non aveva il carattere sfavillante dei politici universitari».

È questo il periodo in cui Togliatti, leader indiscusso del Pci, promuove la politica di unità nazionale, fra comunisti, socialisti e democristiani. È troppo presto; ma è la stessa politica che vent'anni dopo avrebbe portato avanti anche Berlinguer, con il suo compromesso storico. A livello universitario, entrando nell'Ugi, i comunisti sperano di stabilire un'alleanza con l'Intesa, l'associazione che rappresentava gli studenti democristiani, per prendere tutti insieme il controllo dell'Unuri, l'organismo centrale sotto cui confluivano tutte le associazioni studentesche.

Stranamente, a sostegno di quest'alleanza tra comunisti e democristiani c'è anche il giovane Marco Pannella, che nel 1957 sarebbe stato eletto alla presidenza dell'Unuri. Il rapporto tra Craxi e Pannella è di stima, ma spesso conflittuale, sin dalla giovinezza. Nel 1956 Marco aiuta Bettino a diventare consigliere dell'Ugi, ma nel 1959 lo estromette dall'Unuri, di cui Craxi era diventato vicepresidente.

In un'intervista rilasciata a Filippo Ceccarelli nel 1986 Pannella ricorderà: «Sì, un giorno, nel 1956, Ugo La Malfa mi dice che va al congresso ugino di Perugia, dove peraltro avevo deciso di non andare. Mi sentivo già un po' senatore, o padre nobile. Invece decido di partire, con la sua automobile. A Perugia scopro che vogliono impedire a un giovane socialista, che a diciotto anni era stato morandiano, ma ora autonomista, di essere eletto nella giunta. Mi sembrò sbagliato e ingiusto. Intervenni e quel giovane fu eletto. Era Bettino Craxi, che un paio d'anni dopo diventò vicepresidente dell'Unuri, l'organismo unitario che noi laici governavamo in alternanza con i cattolici. [...] Io me ne tornai a fare il Partito radicale. Però, a un certo punto, mi sembrò che in quella gestione c'erano

1990: Craxi e Achille Occhetto al bancone di un bar.
(Mondadori Portfolio/Archivio Massimo Di Vita/Massimo Di Vita)

delle cose non convincenti, un po' troppo, come dire, da sottogoverno. Così tornai a occuparmene. [...] Intendiamoci, Bettino non aveva responsabilità specifiche, era una tendenza generale. Andai comunque a esporgli le mie preoccupazioni. [...] Alla fine fu molto disponibile: si mise da parte. Ebbi l'impressione che fosse una scelta convinta, per aiutarci». Alla domanda di Ceccarelli, che chiede se fossero rimasti dei dissapori, Pannella risponde: «No, direi proprio di no. Ci vedevamo poco, ma ci seguivamo. Una sera ce ne andammo in birreria e parlammo a lungo. Era stato a Parigi: discutemmo di chansonnier, di politica, delle nostre vite private...».

Milano, 15 dicembre 1990, matrimonio di Silvio Berlusconi con Veronica Lario, a Palazzo Marino. Accanto agli sposi Gianni Letta, Bettino Craxi e Anna Craxi.
(Archivio Cicconi/Getty Images)

A partire dalla metà degli anni Cinquanta, Craxi comincia a viaggiare all'estero. Parte per Praga, in occasione della conferenza dell'Unione internazionale degli studenti, coordinata dal Partito comunista sovietico. L'impatto con il socialismo reale è molto negativo: le costrizioni burocratiche contrastano con il suo carattere forte, difficile, libero, egocentrico, ribelle. A Praga conosce Carlo Ripa di Meana, che vive lì e dirige per conto del Pci la rivista «Studenti nel mondo». Ripa di Meana ricordava il Craxi di allora come «l'unico che mi interrogò e che volle sapere la verità, incontrare persone e non funzionari, girare nei posti di giorno e di notte [...] uno stangone milanese allampanato con occhiali pesanti che venne ricoverato in ospedale per una broncopolmonite ed evangelizzò un'infermiera e una dottoressa, tra una radiografia e l'altra».

Craxi sarebbe poi stato il suo testimone di nozze quando nel 1982 aveva sposato Maria Elide «Marina» Punturieri, insomma Marina Ripa di Meana, che a sua volta aveva avuto come testimoni Goffredo Parise e Alberto Moravia. L'amicizia dei Ripa di Meana con Craxi era talmente forte che la stessa Marina ricorderà, in un'intervista a Monica Satta, che quando la figlia Lucrezia Lante della Rovere era rimasta incinta di Giovanni Malagò a casa si discuteva «sul da farsi» e, confidando l'accaduto a Bettino, il segretario del Psi era corso da loro per vedere i ragazzi e gli aveva detto: «Andiamo a pranzo, dobbiamo parlare del vostro futuro».

Carlo Ripa di Meana non sarà l'unico a cui farà il testimone di nozze: nel 1990 toccherà a un futuro presidente del Consiglio, Silvio Berlusconi, che si sposa in seconde nozze con Miriam Bartolini, in famiglia Lella, in arte Veronica Lario.

Come consigliere e vicepresidente dell'Unuri, Craxi va in Perù, in Nord Africa, a Londra, a Parigi e a Pechino, dove conosce per caso Renata Pisu, la giornalista, traduttrice e sinologa. Pisu ricorderà che Bettino in quell'occasione le cantava una canzone che, spiegava lui, aveva un grande successo nell'Italia della fine degli anni Cinquanta: *Nel blu dipinto di blu*.

1964, Palermo. (Fondazione Craxi ETS)

È il periodo in cui Craxi intensifica la propria attività nel Movimento giovanile socialista, anche se è costretto a misurarsi con le varie correnti del partito. Nel 1956, subito dopo la rivolta d'ottobre in Polonia, propone di solidarizzare con una rivista polacca soppressa dal regime comunista; ma viene messo «malamente in minoranza» al congresso del Movimento giovanile. In quel periodo Pietro Nenni appoggia ancora pienamente il regime sovietico. Anni in cui la corrente di sinistra, più filocomunista, è maggioritaria all'interno del partito e prevale sugli autonomisti, di cui proprio Nenni si metterà alla testa. Mai però sarà colmata la frattura del 1947, quando Giuseppe Saragat, il futuro presidente della Repubblica, aveva lasciato il Psi per fondare il Partito socialista dei lavoratori italiani, poi Partito socialdemocratico, destinato a diventare un fedele alleato della Dc. Nenni lo definisce «un garofano rosso all'occhiello di De Gasperi». Al colmo del successo, Craxi tenterà di assorbire il Psdi, chiarendo che non di fusione si sarebbe trattato, ma di annessione: «Voglio il simbolo». Non se ne farà nulla.

Anche dopo la sconfitta del Fronte popolare, per anni Nenni, assieme a Rodolfo Morandi, governa il partito sulla linea filosovietica, con la preoccupazione di non dividere il movimento operaio. Morandi muore improvvisamente, però, nel 1955. Soprattutto le cose cambiano con la fine dello stalinismo. Cominciano a circolare voci sui crimini e sulle torture di Stalin e sul terrore instaurato durante il suo regime, poi confermate dal XX Congresso del Pcus. Ma è con l'invasione dell'Ungheria che Nenni inizia a mettere in discussione il rapporto con l'Urss e il suo sistema antidemocratico. Domare le varie correnti tuttavia non è affatto facile. Nenni ama citare una frase di Filippo Turati: «Che magnifica cosa sarebbe il socialismo, se non ci fossero i socialisti».

Bettino appartiene, come Nenni, alla corrente autonomista, che vuole un partito libero dall'egemonia comunista. Ma il suo punto di riferimento diretto è Guido Mazzali, assistente fidato di Nenni. Anche grazie a lui, Craxi entra a far parte della sezione Cultura e del comitato provinciale del partito a Milano. Scrive sull'«Avanti!» e su «Mondo Operaio». Nel 1956 diviene consigliere nel comune della madre, Sant'Angelo Lodigiano, per poi prendere l'incarico di assessore al Bilancio.

Nel 1957, al congresso di Venezia, strappa un'elezione di misura nel Comitato centrale del Psi. Due anni dopo, quando il congresso si tiene a Napoli, Craxi viene eletto di nuovo, anche se all'inizio è preoccupato di non riuscire, perché le liste sono state bloccate per frenare eventuali scalate delle correnti minoritarie. Viene però mandato in qualità di rappresentante del partito in una roccaforte del Pci, Sesto San Giovanni, la Stalingrado d'Italia, su suggerimento di Giovanni Mosca, vice di Mazzali. Dirà Mosca al giornalista Italo Pietra che in quel momento era opportuno garantire a Craxi un posto in pianta stabile nel partito. E anche uno stipendio: «Non che chiedesse soldi, perché non ne aveva mai chiesti.

**«Non che chiedesse soldi, perché non ne aveva mai chiesti. Ma gli demmo, se ben ricordo, quarantamila lire al mese e l'incarico di capozona a Sesto San Giovanni, affinché si temprasse nella realtà operaia». Di questo sgambetto Craxi dirà: «Qualcuno voleva fottermi ma là, comunque, feci la mia parte».**

1959. Il matrimonio con Anna Maria Moncini. (Fondazione Craxi ETS)

Ma gli demmo, se ben ricordo, quarantamila lire al mese e l'incarico di capozona a Sesto San Giovanni, affinché si temprasse nella realtà operaia». Di questo sgambetto Craxi dirà: «Qualcuno voleva fottermi ma là, comunque, feci la mia parte».

In quello stesso anno, il 1959, sposa Anna Maria Moncini, figlia di un ferroviere socialista, conosciuta sei anni prima, quando Craxi aveva diciannove anni. Anna ha la tessera del Psi ed è presidente della Opera Montessori per la Lombardia. Gli resterà accanto fino all'ultimo, seguendolo ad Hammamet. «Nella mia vita Anna occupa il primo posto» proclama Bettino. Il primo, non l'unico. Dirà la figlia Stefania: «Mio padre è sempre piaciuto alle donne, sin da quando aveva vent'anni, aveva già perso i capelli e non contava nulla. Mamma è stata l'unica a sapersela tenere».

Stefania nasce nel 1960. Bettino è un padre affettuosissimo, caloroso, fisico – raro vedere una sua foto con la figlia in cui non la abbraccia o non la tiene per mano –, ma molto difficile: sia perché geloso; sia perché la politica era sempre al primo posto.

**Stefania nasce nel 1960. Bettino è un padre affettuosissimo, caloroso, fisico – raro vedere una sua foto con la figlia in cui non la abbraccia o non la tiene per mano –, ma molto difficile: sia perché geloso; sia perché la politica era sempre al primo posto.**

100 di questi
giorni sempre abbracciata
a te!!

Tua Stefania

Un abbraccio con la figlia Stefania e la dedica sul retro della foto. (Fondazione Craxi ETS)

Stefania ricorda anche che lui avrebbe voluto scegliere come primo nome Anastasia, ma che non era presente al momento della nascita, «per fortuna». Ogni tanto, però, la chiama davvero Anastasia e lei si indispettisce, pensando alla sorellastra di Cenerentola. In realtà quel nome è un riferimento alla figlia dell'ultimo zar di Russia, Nicola II Romanov. A lungo si è pensato infatti che Anastasia fosse sopravvissuta alla strage dei bolscevichi. Celebre è la storia di una donna che per anni si è spacciata per lei. Anche nel nome della figlia, Stefania Gabriella Anastasia, Bettino vuole segnalare la sua avversione al comunismo.

Sempre nel 1960 si conclude l'esperienza politica a Sesto San Giovanni: Craxi diventa assessore all'Economato del Comune di Milano, dopo essersi candidato alle elezioni amministrative. Ha ventisei anni ed è il più giovane tra gli eletti. Con lui entra in consiglio comunale un uomo destinato a essere suo avversario per tutta la vita: Eugenio Scalfari, cofondatore dell'«Espresso» e futuro direttore di «Repubblica», allora candidato del Partito radicale che alle elezioni comunali si era alleato con il Psi. Eletti anche lo scrittore Elio Vittorini, che cede il posto a un altro militante socialista, e il dirigente del Pci Armando Cossutta e Rossana Rossanda, cofondatrice del quotidiano «il manifesto».

In quegli anni Craxi conosce anche un'altra donna che gli sarà fedele per tutta la vita, o almeno fino alla fuga in Tunisia, a seguito dell'inchiesta su Mani pulite, per la quale verrà arrestata anche lei. Il suo nome è Enza Tomaselli: sarà la sua devota segretaria per più di trent'anni. L'aveva sottratta ad Aldo Aniasi, suo compagno di partito e futuro sindaco di Milano, dicendole: «Avrei bisogno di una segretaria che lavori tanto e che non faccia storie». Lei aveva risposto: «Mi metta alla prova». In un'intervista a Stefano Zurlo, ha raccontato che Craxi «stava in ufficio anche per dieci ore. Fumava orribili sigarette al mentolo e beveva acqua minerale. Sulla sua scrivania si ammonticchiavano dossier su dossier, in un caos indescrivibile. [...] Bettino era burbero, aveva degli scatti d'ira che mascheravano la sua timidezza. [...] Un giorno cercava un documento importante di cui non sapevo assolutamente nulla. S'incavolò perché questa carta non saltava fuori e con una manata fece franare quel mare di carte per terra. Me ne andai nel mio ufficio. Poi rientrai per dargli notizia di una telefonata internazionale. Era accovacciato per terra, stava raccogliendo i fogli».

Agli inizi degli anni Sessanta, il partito si consolida in particolare nelle grandi città, e molti socialisti fanno esperienza nella pubblica amministrazione sia a Milano sia in comuni più piccoli. Tra le file del partito cominciano a emergere anche giovani militanti, all'ombra di Craxi, come Carlo Tognoli e Claudio Martelli.

**Bettino Craxi e Anna Moncini, anni Settanta. (Fondazione Craxi ETS)**

CONGRESSO
SOCIALISTA
NAZIONALE
ITALIANO
IL TEMPO

L'Espresso
l'Unità
INVITO AI SOCIALISTI
Fanfani avrebbe parlato
di possibili trattative

Tuttavia nel 1961, al congresso che si tiene proprio a Milano, Craxi non viene rieletto nel Comitato centrale del Psi; vi tornerà due anni dopo, al congresso di Roma. Nel frattempo la situazione nazionale è finalmente propizia.

Con le elezioni del 1963 nasce il centrosinistra. Si realizza il sogno di Moro delle convergenze democratiche (o «convergenze parallele» come le definisce ironicamente Eugenio Scalfari), con il tripartito Dc-Psdi-Pri, anche grazie all'appoggio dei socialisti. Togliatti dice a Nenni: «Fortunati voi che potete fare politica».

Proprio in vista delle elezioni del 1963 Craxi realizza con Carlo Tognoli e per la regia di Paolo Pillitteri, che due anni dopo avrebbe sposato la sorella Rosilde, un cortometraggio dal titolo *Milano o cara*. È un documentario sull'immigrazione meridionale, parteciperà alla Mostra del Cinema di Venezia.

Il 6 agosto 1964 nasce Vittorio, detto Bobo. Racconterà Stefania: «Nella nostra famiglia siciliana c'era molta frenesia per il figlio maschio; e mio nonno materno, che si chiamava Vittorio come l'altro nonno ed era pure lui socialista, capì e mi portò a fare una passeggiata».

Nel 1965 Craxi entra finalmente nella direzione del partito, grazie a Nenni che si impone: Bettino dirige la federazione di Milano come segretario provinciale, non lo si può lasciare fuori.

Gli anni Sessanta sono anni di lotte sociali, ma anche di guerre. Craxi prende iniziative che possono sembrare velleitarie. Nel 1967 scrive una lettera al vicepresidente degli Stati Uniti, Hubert Humphrey, in visita in Italia, e sottolinea le responsabilità dell'America nella guerra del Vietnam. Poi manifesta contro il colpo di Stato dei

***Nella pagina precedente:*** **Napoli, gennaio 1959. Militanti all'entrata della sede del 23° Congresso del Psi. (Fondazione Craxi ETS)**
***Nella pagina successiva:*** **Craxi a Roma negli anni Settanta. (Fondazione Craxi ETS)**

colonnelli in Grecia e contro i conflitti arabo-israeliani, solidarizzando con Israele.

Il 1968 è l'anno dell'ingresso alla Camera. Craxi viene eletto deputato con 23.778 voti di preferenza, preceduto a Milano solo da Pietro Nenni. In quello stesso anno il nome di Craxi aveva cominciato ad apparire sui muri della città con la svastica, perché da consigliere comunale aveva chiesto lo sgombero dell'ex albergo Commercio, a piazza Fontana, che era stato occupato e trasformato in Casa dello studente e del lavoratore. Su questo episodio tornerà in una lettera a Scalfari il 29 luglio 1988, in risposta a un articolo apparso il giorno prima su «Repubblica», in cui veniva messa in dubbio la sua fermezza nei confronti della sinistra extraparlamentare negli anni Settanta: «Era l'epoca» scrive Craxi «in cui su qualche muro di Milano si poteva leggere il mio nome scritto con la svastica nazista al posto della X».

La campagna elettorale del 1968 fu innovativa per l'epoca, con incontri improvvisati nelle fabbriche, nei bar, nei supermercati, sui treni dei pendolari, ma anche con la distribuzione di fotografie, audiocassette e dischi, che secondo le indiscrezioni del tempo devono essere costati svariati milioni di lire. A otto anni, Stefania gira il quartiere – la famiglia abita in via Foppa, in affitto – con uno zainetto, a distribuire nelle cassette della posta i volantini con la scritta CRAXI-NENNI-GANGI.

Alla Camera entra anche Eugenio Scalfari, sempre nelle file del Psi. La sua candidatura è legata a un caso giudiziario. Scalfari deve sfuggire a una condanna a quindici mesi di carcere, per aver diffamato il comandante generale dell'Arma dei Carabinieri, Giovanni De Lorenzo, che aveva accusato in un'inchiesta per «L'Espresso», scritta con Lino Jannuzzi, di aver tentato un colpo di Stato, con la complicità del presidente della Repubblica, Antonio Segni. È la vicenda passata alle cronache con il nome di «Piano solo». Di Scalfari, Craxi dirà: «Eugenio è un geniaccio con un carattere fragile, instabile. Se oltre ai salotti avesse frequentato anche qualche sezione di partito, se avesse alternato i colloqui con esponenti della finanza a qualche incontro con gli operai, be', direi che non gli avrebbe fatto male».

Un giorno Scalfari va in auto alla stazione di Milano Centrale a prendere una persona, parcheggia in zona vietata, un vigile lo multa; lui si qualifica come deputato, ne nasce una discussione. È un episodio banale, ma finisce sul «Corriere della Sera», per la serie «Lei non sa chi sono io». Scalfari resterà convinto che dietro quell'insolita attenzione per lui da parte del primo quotidiano nazionale ci fosse la mano di Craxi, che qualche amico in via Solferino l'ha sempre avuto. Le grandi inimicizie si nutrono anche di piccoli dettagli.

In quelle elezioni politiche il Psi e il Psdi si erano presentati insieme. Non è una fusione, è un cartello elettorale, in cui i simboli dei due partiti sono affiancati, con un curioso effetto grafico che viene accostato a una bicicletta o a un paio d'occhiali. Lo sposalizio era stato celebrato il 30 ottobre 1966 al palazzo dello sport dell'Eur. Molti compagni di partito, fra cui Francesco De Martino, allora segretario del Psi, erano contrari all'accordo; altri dirigenti per protesta passano al Pci, che finanzia la nascita del Psiup, Partito socialista di unità proletaria. Tuttavia molti esponenti del mondo dell'arte e della cultura esprimono simpatia per il Psi e il Psdi unificati. Tra questi Carlo Ponti, Sophia Loren, Federico Fellini, Luigi Comencini, Franco Zeffirelli, Vittorio Gassman, Paolo Stoppa, Renato Rascel. Alcuni tra loro vengono da destra, come Giorgio Albertazzi e Walter Chiari.

Nonostante questo, il matrimonio entra quasi subito in crisi quando alle elezioni la lista Psi-Psdi Unificati registra un modesto 14 per cento, contro il 39 della Dc e il quasi 27 per cento del Pci.

Tra il 20 e il 21 agosto 1968 i carri sovietici mettono fine alla Primavera di Praga, il processo di democratizzazione avviato da Alexander Dubček, promotore del «socialismo dal volto umano».

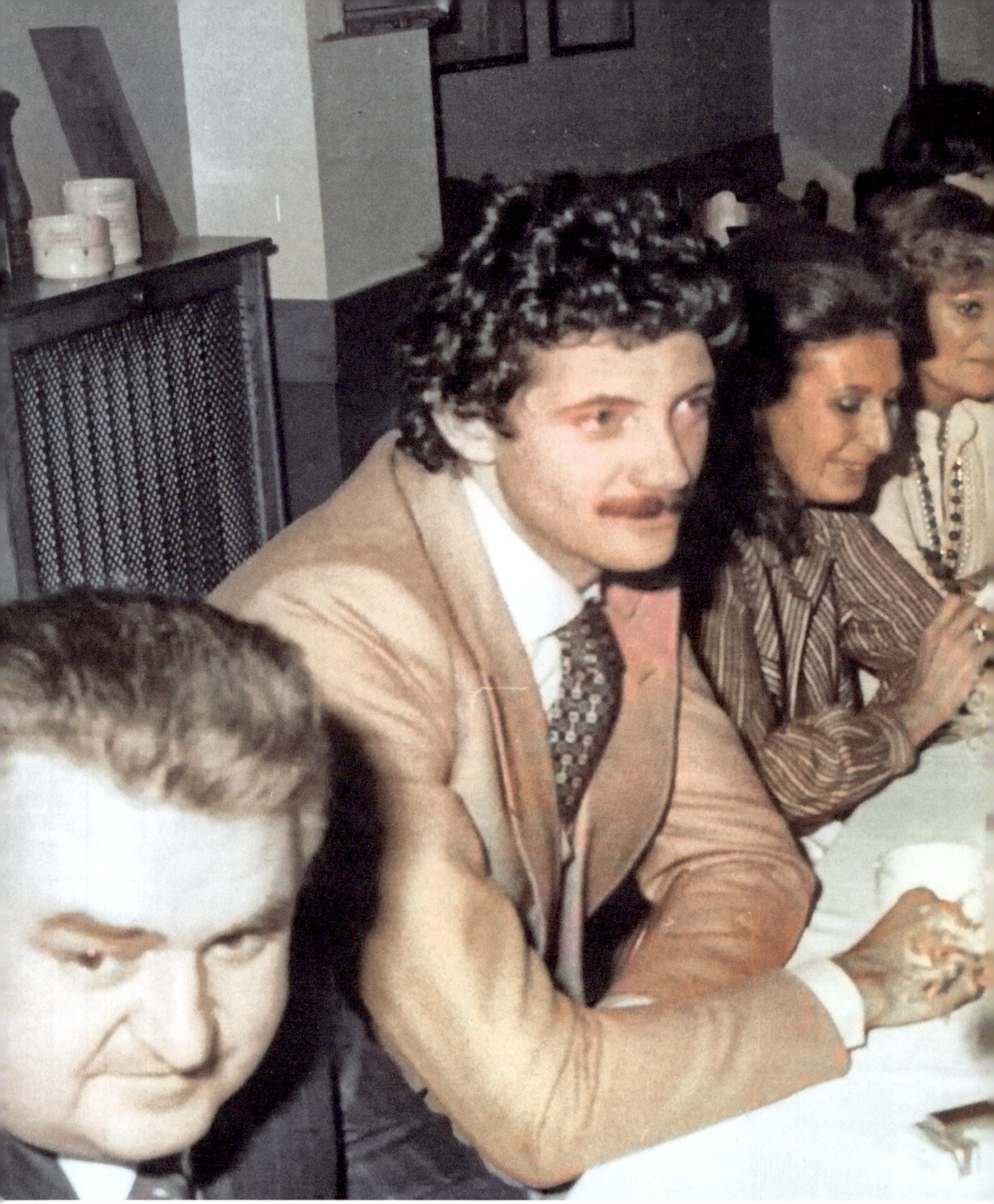

Al ristorante negli anni Ottanta, accanto a Craxi l'attore Walter Chiari. (Fondazione Craxi ETS)

Craxi scende in piazza Mercanti a Milano, da una parte per esprimere solidarietà a Praga, dall'altra per accusare il Pci di non aver preso nettamente le distanze dall'aggressore sovietico.

A fine ottobre a Roma si svolge anche il primo e unico congresso dei due partiti unificati, in un clima di grande tensione. Il partito è diviso in cinque mozioni: Autonomia socialista di Nenni e Craxi, favorevole a un'alleanza con la Dc e all'«autonomia» dal Pci; Riscossa e unità socialista di Francesco De Martino, propensa a un dialogo con i comunisti; Rinnovamento socialista di Mario Tanassi, i vecchi socialdemocratici contrari all'unificazione che spingono per un accordo di centrosinistra; Sinistra socialista di Riccardo Lombardi, Fabrizio Cicchitto e Claudio Signorile, promotrice di un «riformismo rivoluzionario ma antistalinista», in contrasto sia con il Pci sia con la Dc; infine, Impegno socialista di Antonio Giolitti, Norberto Bobbio ed Eugenio Scalfari, che si pone fra i socialdemo-

**Un giorno Scalfari va in auto alla stazione di Milano Centrale a prendere una persona, parcheggia in zona vietata, un vigile lo multa; lui si qualifica come deputato, ne nasce una discussione. È un episodio banale, ma finisce sul «Corriere», per la serie «Lei non sa chi sono io». Scalfari resterà convinto che dietro quell'insolita attenzione ci fosse la mano di Craxi. Le grandi inimicizie si nutrono anche di piccoli dettagli.**

Nel 1968 con Eugenio Scalfari. (Fondazione Craxi ETS)

cratici e la corrente di De Martino, propensa ad accordi con la Dc, cauta con il Pci. (Mi rendo conto che possono sembrare cronache marziane, al tempo in cui non si fanno più congressi e non ci sono quasi più partiti. Ma all'epoca la politica italiana funzionava così.)

Alla fine prevalgono le correnti di Nenni, De Martino e Tanassi. Ma la spaccatura vera e propria avviene durante i lavori del Comitato centrale nel maggio del 1969. I socialdemocratici rompono, se ne vanno e reinventano il Psu, Partito socialista unificato, la stessa denominazione del partito guidato da Giacomo Matteotti. In realtà, proprio come all'inizio del Novecento, si tratta di una scissione. Presto riprenderanno la sigla Psdi. Nenni rifiuta la presidenza di quel che resta del Psi: «Non posso essere il presidente della scissione dopo essere stato quello dell'unificazione». Tocca quindi a Francesco De Martino. Craxi, contrario alla frammentazione, resta solo per fedeltà a Nenni. È ancora nel comitato direttivo, come

esponente della corrente autonomista, ma si dimette dall'incarico di segretario della federazione milanese. Ormai fa il parlamentare.

Quell'anno, il 1969, oltre che dalle lotte interne al Partito socialista, è costellato da una serie di eventi che hanno segnato la nostra storia. È l'anno dello sbarco sulla luna, del concerto di Woodstock, delle grandi marce contro la guerra in Vietnam. Ma il 1969 è anche l'anno delle proteste sociali, delle lotte sindacali, della strage di piazza Fontana.

Una serie di scioperi investe il Paese nell'autunno caldo: lotte operaie per il caro-affitti e per il rinnovo del contratto collettivo, lotte studentesche per il diritto allo studio, che porteranno alla legge Codignola per liberalizzare l'accesso alle facoltà universitarie a tutti i diplomati alle scuole superiori, non solo a chi ha fatto il liceo.

Ma il Sessantotto non è il momento di Craxi. *Totus politicus* fin dalla giovinezza, Bettino non lo conosce e non lo capisce. Coglierà però la profonda diffidenza di quei giovani nei confronti dell'Unione Sovietica e del Partito comunista. Un giorno, pensa, tutta quella insoddisfazione gli sarà utile.

**Ma il Sessantotto non è il momento di Craxi. *Totus politicus* fin dalla giovinezza, Bettino non lo conosce e non lo capisce. Coglierà però la profonda diffidenza di quei giovani nei confronti dell'Unione Sovietica e del Partito comunista. Un giorno, pensa, tutta quella insoddisfazione gli sarà utile.**

**Al quartiere Eur di Roma negli anni Sessanta. (Fondazione Craxi ETS)**

La leadership di De Martino non appare all'altezza, incapace di prendere posizione nei sommovimenti sociali, lasciando la guida delle lotte ai sindacati e al Pci. Alcuni socialisti lo attaccano per la sua inoperosità: Giacomo Mancini, autonomista ed ex ministro con Moro, lo chiama «il re dello sbadiglio». In questo clima di indecisione, tuttavia, nel marzo del 1970 il Comitato centrale, con il favore degli autonomisti, decide di entrare nel governo, guidato per la terza volta da Mariano Rumor, costituendo il quadripartito: Dc, Psi, Psu e Pri. Il 27 marzo De Martino diventa vicepresidente del Consiglio e si dimette da segretario del Psi. Il nuovo segretario sarà Mancini, affiancato da tre vice: Giovanni Mosca per la corrente di Riscossa; Tristano Codignola per i lombardiani; e lui, Bettino Craxi, per gli autonomisti.

**Roma, 1987. Craxi con l'attrice Sandra Milo (Giacomini Foto)**

Craxi è stato indicato da Nenni stesso per la fedeltà dimostrata fino ad allora. Con la segreteria di Mancini, il Partito socialista continua a essere di tendenza nel mondo dello spettacolo. Sono vicini al Psi Giorgio Strehler – il regista sarà eletto europarlamentare nel 1983, subentrando proprio a Craxi –, Nino Manfredi, Federico Fellini, Giulietta Masina e Sandra Milo, con cui Craxi, che l'ha conosciuta proprio grazie a Mancini, avrà una storia segreta. Lei dirà: «Bettino era intelligente, colto, curioso ma anche di una timidezza che pochi conoscevano». (Tra le sue amanti storiche, non si può non ricordare Ania Pieroni, l'attrice, Patrizia Caselli, che per lui prenderà casa ad Hammamet, e Moana Pozzi, che nel suo libro con le pagelle dei suoi uomini – compilate in realtà dal geniale Roberto D'Agostino – darà a Craxi 7, pari merito con Beppe Grillo, a metà tra l'8 di Tardelli e il 6 di Troisi).

Nel 1972 cade il governo Colombo e si instaura un governo di transizione guidato da Giulio Andreotti, che però non ottiene la fiducia: per la prima volta nella storia repubblicana si andrà al voto anticipato. La coalizione tra socialisti e democristiani comincia a vacillare: alle elezioni del 1972 il Psi, di cui De Martino è tornato a essere il segretario, si ferma al 9,6 per cento.

Il timore dei socialisti è che il governo centrista, di nuovo guidato da Andreotti, possa avere rapporti privilegiati con il Pci, ormai saldamente secondo partito. In realtà si verifica uno spostamento a destra: la Dc stringe un patto con i liberali e i socialdemocratici; «governo Andreotti, miseria e poliziotti» si grida nelle piazze. Nelle stesse elezioni il Msi prende il 9 per cento, un risultato storico che fa gridare all'allarme anche Craxi, che al congresso di Genova di quell'anno dice: «Sono ricomparsi sulla scena gli avventurieri e gli uomini di mano. Sono state predisposte provocazioni terroristiche. Si è alimentato il disorientamento di settori del ceto medio. È tornata la piazza di destra con le maggioranze silenziose». Ma poi aggiunge: «Ciò che va ricercato non è una maggioranza contro qualcuno, ma una maggioranza per qualcosa».

**«Sono ricomparsi sulla scena gli avventurieri e gli uomini di mano. Sono state predisposte provocazioni terroristiche. Si è alimentato il disorientamento di settori del ceto medio. È tornata la piazza di destra con le maggioranze silenziose».**

Con la caduta del secondo governo Andreotti, si instaura di nuovo una coalizione di centrosinistra. A Craxi viene offerto il ministero della Giustizia, ma lui rifiuta; il governo gli sembra un posto troppo incerto e insicuro; preferisce essere assegnato alla commissione Esteri della Camera, anche per coltivare la sua dimensione internazionale.

Bettino prende il nuovo incarico molto sul serio. Si impegna affinché Jiří Pelikán, esule cecoslovacco, ottenga la cittadinanza italiana. Nel 1973 prende posizione per Israele durante la Guerra dello Yom Kippur, condanna i bombardamenti americani in Vietnam, e vola a Santiago del Cile, come vicepresidente dell'Internazionale socialista, a seguito del colpo di Stato.

A pochi giorni dal golpe di Pinochet in Cile – 11 settembre 1973 –, Craxi e alcuni giovani dell'Internazionale socialista decidono di portare dei fiori sulla tomba del presidente Salvador Allende, caduto nella vana difesa della democrazia. Un'aperta sfida a un regime sanguinario. Allende riposa nel cimitero di Viña del Mar, nella cappella funeraria dei Grove, parenti della moglie. Uscito da Santiago, Craxi vede i corpi di militanti uccisi durante la notte. Durante tutto il tragitto, la delegazione socialista viene fermata a diversi posti di blocco. Arrivato finalmente sul posto, Craxi va dall'impiegato del cimitero e domanda dove sia la tomba dei Grove, ma quello, spaventato, abbassa gli occhi. Un bambino cileno che è lì dice di sapere dove si trova la tomba e lo guida. A un certo punto saltano fuori quattro uomini armati, gli puntano le mitragliette. Un sottufficiale si fa avanti e dice: «Un paso más y tiro». Bettino e i suoi compagni vengono trattenuti per alcune ore: quando lui chiede di poter andare in bagno, viene fatto seguire da uno dei soldati. Il loro scambio di battute è piuttosto emblematico: «¿Es muy difícil la vida?» chiede Craxi all'uomo. E quello: «Bastante». Poi lo lasciano andare.

Nel 1974 Craxi è in Tunisia, al congresso del locale Partito socialista: quasi un segno del destino. A ottobre è al congresso del Psoe, i socialisti spagnoli, che si preparano alla fine del regime franchista. Craxi si impegna ad aiutarli finanziariamente. I capi sono ancora in esilio, infatti si riuniscono alla periferia di Parigi. Bettino incontra Felipe González, di sei anni più giovane, e ne trae un'ottima impressione.

L'anno è segnato dallo scandalo dei petroli, una delle prime indagini sulle tangenti della politica, che porta alla luce finanziamenti illeciti a tutti i partiti, escluso il Pci, da parte dell'Unione petrolifera, un'associazione che rappresenta le maggiori aziende di carburanti che operano in Italia. È il segnale che il sistema politico basato sull'esclusione del Partito comunista comincia a vacillare.

La parte della Democrazia cristiana che fa capo ad Aldo Moro inizia a lavorare a un'intesa con i comunisti, che Enrico Berlinguer ha proposto in una serie di articoli su «Rinascita», presentati come riflessione sul golpe in Cile: alla sinistra non basta il 51 per cento per governare; serve un accordo con i cattolici. La Confindustria, guidata da Gianni Agnelli, inizia a pensare a un allargamento della maggioranza di governo, anche per tenere a bada i sindacati e garantire la produzione e la pace sociale. Alle bombe fasciste fanno eco i primi attentati dei terroristi rossi.

Craxi e la delegazione socialista escono dal cimitero di Santa Ines alla periferia di Viña del Mar, dove è sepolto Salvador Allende. (Fondazione Craxi ETS)

*Nella pagina successiva:* Novembre 1979, in un piazza di Pechino durante il viaggio in Cina. (Fondazione Craxi ETS)

Nel 1976 si tengono nuove elezioni anticipate. Per la prima volta votano per la Camera anche i diciottenni. De Martino annuncia che i socialisti non entreranno più nella maggioranza di governo senza i comunisti. Qualcuno lo interpreta così: tanto vale votare direttamente per il Pci. Craxi è furibondo. Il Psi è inchiodato al 9,6; i comunisti volano al 34,4, anche se falliscono il sorpasso sulla Dc. L'accordo tra i due grandi partiti è inevitabile.

A Roma Craxi vive in albergo, all'ultimo piano dell'hotel Raphaël, dietro piazza Navona. Il proprietario è un suo amico carissimo, quasi un fratello maggiore, Spartaco Vannoni, già braccio destro di Eugenio Reale, plenipotenziario del Pci nei rapporti commerciali con l'Est europeo, poi uscito dal partito. Per gli ex comunisti, Craxi avrà sempre un'attrazione.

Attorno al Raphaël gravita una piccola corte di socialisti, imprenditori, intellettuali, artisti, che hanno intuito l'ascesa di Craxi e la sera si ritrovano nella hall ad aspettarlo, per poi andare a cena, magari alla pizzeria La Maiella. Attese che potevano durare ore.

Al Raphaël vive anche qualche giornalista, tra cui Enzo Bettiza, che nel suo libro *Mostri sacri* ci ha lasciato di Bettino e della sua fisicità un ritratto indimenticabile: «Quelle di Craxi non erano docce ordinarie ma autentici corpo a corpo tra la sua mole e l'acqua scrosciante e straripante da tutte le parti. Nella colluttazione con gli scrosci, che schizzavano di qua e di là allagando il bagno e l'appartamento, l'amico Bettino si trasformava in una sorta di orco imbizzarrito, di pachiderma mitologico, con la bocca spalancata e gorgogliante dalla quale uscivano sputi, zampilli, imprecazioni, squarci di canzoni della mala milanese. Quando poi scendeva al bar, dove gli accoliti lo avevano aspettato sempre più ansiosi e quasi preoccupati, appariva ai loro occhi più ammaccato che ripulito dall'acqua: dai pori dilatati del suo collo carnoso, ancora tutto bagnato, stillavano gocce indomite e sottilissimi rivoli di schiuma.

Primi anni Ottanta, Craxi e Anna Moncini davanti all'hotel Raphaël. (Fondazione Craxi ETS)

Li guardava, un poco seccato dall'esserne guardato, poi cautamente si girava un attimo all'indietro, come per vedere se nei dintorni non vagasse l'ombra di qualche orecchio indiscreto. Quindi rigirava di colpo la testa e sbottava impaziente: "Allora, che si fa questa sera? Si cena qui da Spartaco o si va alla Maiella? Svelti, decidiamoci e muoviamoci"».

La parola «decidere» a Craxi piace moltissimo. Soprattutto adesso, che l'ora del potere sta per arrivare.

**Roma, 16 luglio 1976. Craxi, 42 anni, è stato appena eletto segretario del Partito socialista italiano. (Fondazione Craxi ETS)**

## La parola «decidere» a Craxi piace moltissimo. Soprattutto adesso, che l'ora del potere sta per arrivare.

Il 1976, che per il Psi sembra essere l'*annus horribilis*, sarà invece per Craxi il momento della riscossa: la svolta del Midas.

L'anno è iniziato male: dopo le esternazioni di Capodanno di De Martino sull'«Avanti!» la collaborazione Dc-Psi al governo si è interrotta. La sconfitta elettorale sancisce la fine della segreteria di De Martino, che ormai nel partito chiamano «il bonzo». Emerge sempre più la necessità di un ricambio generazionale, in cui la nuova guardia prenda il posto dei vecchi leader: Nenni, Lombardi, De Martino, Mancini.

Il Comitato centrale del Psi è convocato in un albergone della periferia di Roma, tra Fiumicino e San Pietro, di solito frequentato dai pellegrini: il Midas. È il 16 luglio 1976. De Martino si dimette senza neanche consultarsi con la sua corrente, che in quel momento controlla ancora il 40 per cento della direzione del partito. Per la successione sono in corsa Antonio Giolitti, che però è più amato dagli intellettuali e dai giornali che dai compagni di partito, e quindi rifiuta di candidarsi; Aldo «Iso» Aniasi, storico sindaco di Milano, appoggiato dai lombardiani; e Bettino Craxi. Craxi appare il candidato più debole, anche perché poco conosciuto; il che si rivela un vantaggio. Molti pensano a lui come a un uomo di transizione, che sarà facile manovrare e mettere da parte quando non servirà più. Grave errore.

A vincere sarà proprio Bettino Craxi, che viene nominato segretario del partito il 17 luglio 1976. Decisiva la scelta di un giovane dirigente veneziano, Gianni De Michelis, che sposta su di lui parte dei voti della sinistra del partito. Nenni, eletto presidente, annuncia: «Adesso finalmente ho il cuore in pace. La mia opera è compiuta». Claudio Signorile, della corrente lombardiana, che in gran parte si è astenuta, dice invece: «Se non marcerà, lo faremo fuori in tre mesi». Berlinguer, tra i suoi maggiori avversari politici, stando a quanto racconta Massimo D'Alema, commenta l'evento così: «Un gruppo di avventurieri si è impadronito del Psi. Non potete immaginare quali guasti ne conseguiranno. Voi non avete idea di cos'è la loro vita personale».

Sulla vita personale di Craxi, invece, Enzo Bettiza è indulgente: «Le sue inclinazioni insieme edonistiche e popolaresche per il demi-monde dell'intrattenimento, per il demi-monde in genere, cui si univa anche il suo gusto per l'erotismo d'evasione, rivelavano alla fine dei conti il lato umano di un complesso carattere mediterraneo. Costituivano, insomma, la salutare valvola di sfogo di un temperamento troppo intenso, permeato di passioni fredde, sfiorato dal rischio di autofagia, concentrato per due terzi della giornata sulla vischiosa ragnatela degli intrighi politici».

Osserva Giancarlo Galli: «A quel posto, cui altri ambivano, il Bettino ci arriva perché sottovalutato e in quanto fa parte di una corrente (quella autonomista) che nel Comitato centrale dispone di un modesto 10 per cento, rispetto ai più potenti "demartiniani", "manciniani", "lombardiani": sigle di una Bisanzio che non sente nemmeno il puzzo della propria autodecomposizione».

Cinque anni dopo, Giampaolo Pansa rievoca la svolta dell'elezione di Craxi alla guida del Psi in un articolo su «Repubblica», in cui cita una poesia che un socialista, il giurista Federico Mancini, gli ha regalato per ricordo. È datata «14 luglio 1976, Midas Palace Hotel di Roma»:

«Noi compagni socialisti
Siamo stanchi e un poco tristi
De Martino quest'estate
lo finiamo a fucilate
Tutto quanto rinnoviamo
Benny Craxi ci mettiamo».

1972. Craxi e Pietro Nenni in vacanza in Svizzera.
(Fondazione Craxi ETS)

Fortebraccio, pseudonimo sotto cui si cela l'ex democristiano Mario Melloni, lo definisce *Nihil*, che in latino significa niente. Craxi come un signor Nessuno. Altro errore di sottovalutazione.

SOCIALISTA
DELL' INTERNAZIONALE
PARTITO SOCIALISTA ITALIANO
1.

# RITRATTO DI UN LEADER DA GIOVANE

## Le immagini

1. Roma, 29 luglio 1976: Riunione della direzione Nazionale del Psi. Il neosegretario Bettino Craxi. (Fondazione Craxi ETS)
2. Novembre 1959. Vincenzo Balzamo, Pietro Nenni, Bettino Craxi a un incontro del Partito. (Fondazione Craxi ETS)
3. Roma, 15 luglio. Craxi all'Hotel Midas di Roma, candidato ad assumere la segreteria del Partito se la Direzione accoglierà le dimissioni di De Martino. (Fondazione Craxi ETS)
4. 11 giugno 1978: Craxi e Anna Moncini nel seggio elettorale in occasione dei referendum abrogativi delle leggi sull'ordine pubblico (legge Reale) e sui finanziamenti pubblici dei partiti. (Fondazione Craxi ETS)
5. Roma, 9 giugno 1980. Dopo i primi risultati il segretario socialista Bettino Craxi incontra i giornalisti. In primo piano Enrico Manca e Craxi, dietro Claudio Martelli (Fondazione Craxi ETS).

2.

3.

4.

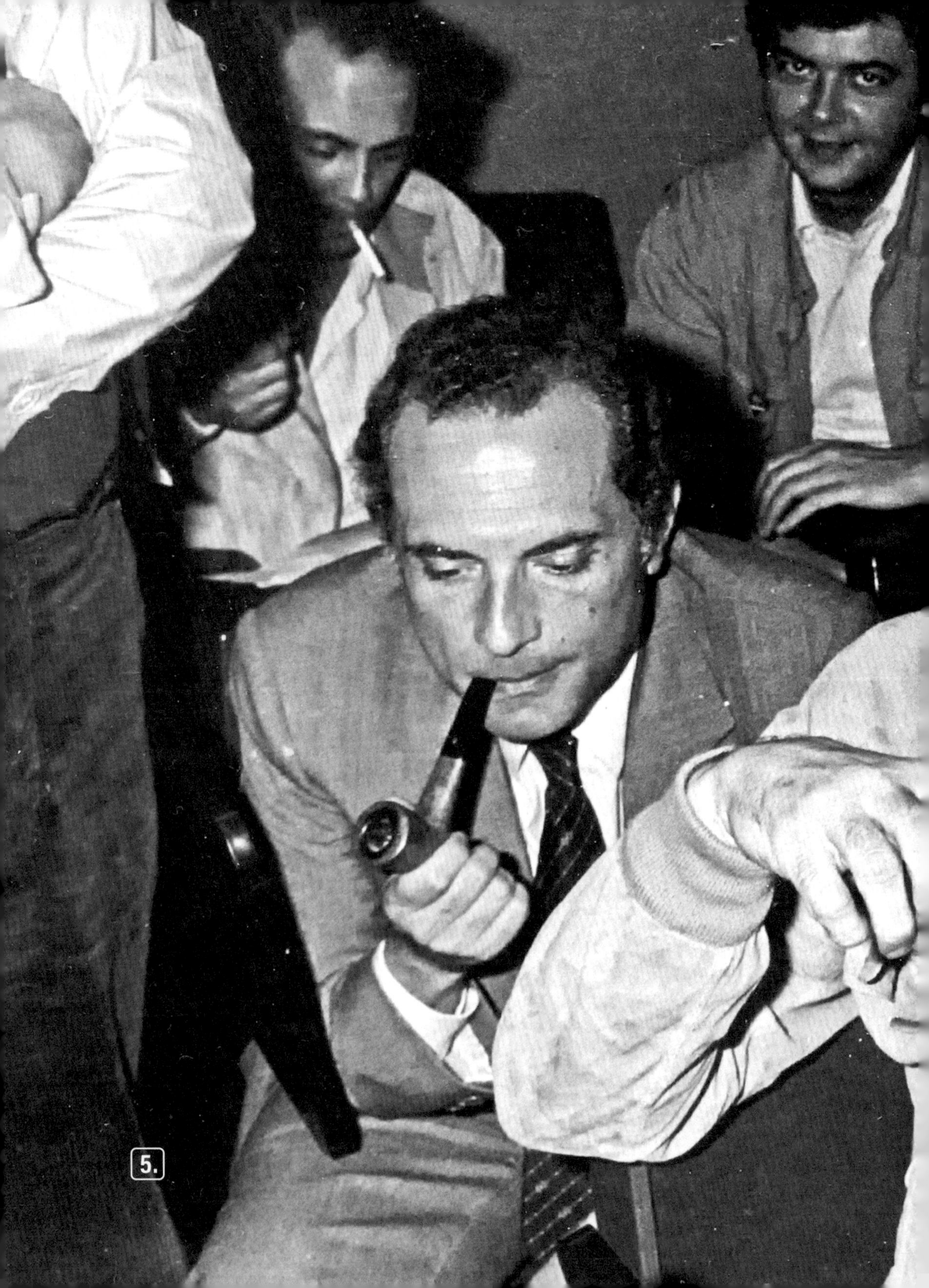
5.

# IL POTERE

3

# IL POTERE

Nel 1976 un po' tutti pensano che il compromesso storico, l'accordo tra la Dc e il Pci, sia una necessità, coincida con il futuro.

Già nel luglio 1960, con la rivolta di Genova, la Democrazia cristiana ha capito che ogni tentativo di allargare la maggioranza a destra è impossibile, nel Paese con il più forte Partito comunista dell'Occidente. Da lì nasce il centrosinistra con i socialisti, tessuto da Aldo Moro. Ma ora la crisi del Psi induce Moro e costringe il resto della Dc a collaborare direttamente con i comunisti. E i socialisti contano sempre meno.

Bettino Craxi si ribella a tutto questo. Per necessità: «Primum vivere», «innanzitutto sopravvivere» proclama. Ma anche per scelta. Il futuro – ne è convinto – non è il comunismo. Anche se all'apparenza i comunisti stanno vincendo la Guerra fredda, gli Stati Uniti si sono ritirati dal Vietnam e per tenere l'America Latina consegnano la gioventù argentina e cilena ai boia, in Cina la morte di Mao non scuote la solidità del regime, mezza Africa fa parte del blocco sovietico, così come – per il momento – l'Egitto e la stessa India. In Italia si diffonde la convinzione che senza il consenso dei comunisti si fermano le fabbriche, si blocca qualsiasi riforma, insomma non si può governare.

*A pagina 130*: Milano, aprile 1992. Craxi sul podio in occasione della chiusura della campagna elettorale. (Fondazione Craxi ETS)
Roma, 26 giugno 1975. Riunione della direzione centrale del Psi in via del Corso. (Fondazione Craxi ETS)

Craxi è intimamente convinto del contrario. Intuisce che la storia prenderà presto un'altra direzione. O almeno questa è la sua speranza.

Chi guida un partito viene chiamato non a caso segretario, dal latino *secretum*. Bettino Craxi in quel ruolo maneggerà molte informazioni segrete e riservate. Ma con lui sarà soprattutto l'idea di capo a emergere. La sua personalità straripante creerà il mito del leader, introdurrà nel linguaggio della politica la parola «decisionismo», cambierà il modo di comunicare con gli elettori. Nello stesso tempo, lo renderà inviso a molti.

Pavia, maggio 1977. Festa provinciale dell'«Avanti!».
(Fondazione Craxi ETS)

All'inizio in tanti pensano che Craxi non durerà a lungo, che sia un fantoccio nelle mani dei grandi vecchi del partito. Non hanno idea di quello che sta per succedere al Psi e alla Prima Repubblica.

*Nihil*, il signor Nulla con cui lo apostrofa Fortebraccio, diventa il «Mitterrand della Bovisa», un soprannome che unisce il nome di François Mitterrand, socialista, presidente della Repubblica francese dal 1981 al 1995, al nome di un quartiere industriale di Milano. Sarà definito anche l'«Amin bianco», essendo quello vero il feroce dittatore dell'Uganda, al potere negli anni Settanta: Filippo Ceccarelli ricorda di aver letto questo soprannome inciso con una chiave nell'ascensore del palazzo di via Tomacelli, che era diventato per un certo periodo la sede del Psi. «Becchino Craxi» e il «gangster» non hanno bisogno di spiegazioni. Ai tempi di Mani pulite Vittorio Feltri, sul quotidiano «L'Indipendente», lo ribattezzerà «Cinghialone», indicandolo come l'obiettivo della caccia della procura milanese.

**All'inizio in tanti pensano che Craxi non durerà a lungo, che sia un fantoccio nelle mani dei grandi vecchi del partito. Non hanno idea di quello che sta per succedere al Psi e alla Prima Repubblica.**

C'è poi lo pseudonimo con cui firma i corsivi sull'«Avanti!», Ghino di Tacco, epiteto che gli aveva attribuito Eugenio Scalfari. Ghino di Tacco, citato da Dante nel VI canto del *Purgatorio*, poi da Boccaccio nel *Decamerone*, era un signorotto senese, mezzo aristocratico mezzo brigante, che taglieggiava coloro che passavano nel suo territorio, calando dalla rocca di Radicofani sulla via Cassia.

Scalfari allude alla rendita di posizione di cui Craxi godeva, collocandosi al crocevia di qualsiasi alleanza possibile. Lui la prende con una certa autoironia. Quello spirito ribaldo, da masnadiere, da capobanda, lo rivendica. Così prende a firmarsi Ghino di Tacco. «Trasgredire gli piace. E gli piacerà per tutta la vita» scrive Fabio Martini nel suo libro su Craxi, *Controvento*.

La vita da segretario è divisa tra Roma e Milano.

Dal lunedì pomeriggio al venerdì Bettino è nella capitale, il suo ufficio è in via del Corso 476, dove ha sede il Psi, che si trasferirà durante i lavori di ristrutturazione in via Tomacelli 146. Nel fine settimana e fino al lunedì mattina il segretario è a Milano nel suo storico studio in piazza Duomo 19. A volte si ferma anche il lunedì sera, per cenare con i compagni di partito al Matarel, in una traversa di corso Garibaldi.

Nell'ufficio romano a fare da filtro è la segretaria Serenella Carloni, a Milano c'è Enza Tomaselli, fedelissima, che accoglie chi viene a incontrare Bettino.

Dall'ampio appartamento milanese, che chiamano la «porta rossa» per via dell'uscio laccato, si vede la Madonnina ma anche la Loggia dei Mercanti. La boiserie cela una cassaforte. Le visite sono molte, la segretaria accoglie ospiti come Henry Kissinger, Giorgio Napolitano, Ciriaco De Mita, Silvio Berlusconi. Craxi è lì, nel suo ufficio al centro dell'appartamento. C'è anche una cassettiera a dieci scomparti che custodisce documenti riservati, libri, cimeli garibaldini. E poi la foresteria, una stanza da letto dove si dice che Craxi resti a lungo e dorma poco.

La casa milanese è in affitto, appartiene al fondo pensioni della Bnl, banca la cui presidenza tocca al Psi. Bettino non la acquista, ma affida a Gae Aulenti il compito di ristrutturarla. Nel vasto appartamento di quasi trecento metri quadri con un grande terrazzo si danno feste, si vive l'atmosfera di una città destinata a diventare la Milano da bere. Anna Craxi è molto paziente e poco gelosa. Gli artisti sono di casa: Lucio Dalla, Caterina Caselli, Tony Renis,

Walter Chiari, Milva, Giorgio Strehler e Ornella Vanoni, che anni dopo in un'intervista sulla «Stampa» dirà: «Ridateci il ciccione che ci ha fatto vivere gli anni Ottanta come se fossimo ricchi e felici». Il ciccione, ovviamente, è lui.

In particolare Caterina Caselli e Lucio Dalla sono ospiti abituali. Quando arriva il cantautore Bobo prende la chitarra, la famiglia fa il controcanto. Stefania racconta che Dalla scrisse *Milano* sul tavolino di un ristorante seduto di fronte al padre, mentre un'altra delle sue canzoni è nata proprio ad Hammamet.

Craxi non ha un rapporto sereno con il cibo. Manda giù insaccati, carboidrati, gelati, senza troppo pensare al suo diabete. Pranza, poi va a riposare un'ora. Cena tardissimo. La sera va a dormire a tarda notte, al mattino non si alza presto (anche se non resta a letto fino a tardi come ama fare il suo protetto, Claudio Martelli). Fuma sigarette al mentolo, le North Pole oppure le Salem.

**Craxi a cena con Pierre Carniti, Claudio Signorile, Agostino Marianetti ed Enrico Berlinguer. (Mondadori Portfolio/Archivio APG)**

1981. Craxi con Ornella Vanoni e il giornalista Paolo Frajese in Kenya. (Archivio Cicconi / Getty Images)

Anni Ottanta. (Mondadori Portfolio/Archivio APG)

Per i vestiti non ha altrettanta passione. Spesso è Anna a dovergli comprare le giacche. Lui spezza i completi, ama i jeans, la sua unica vanità sono le cravatte rosse. Non porta l'orologio ma chiede di continuo l'ora esatta. Turbato da un incidente quando era giovane, non guida, ma per sua fortuna c'è Nicola Mansi, l'autista factotum.

A Roma all'hotel Raphaël ha a disposizione un piccolo attico, neanche cinquanta metri quadri, dove regna il disordine: giornali, appunti, riviste, libri. Craxi non si muoverà da lì fino alla partenza per Hammamet.

Al contrario di altri politici, non è inavvicinabile. Scrive però Giancarlo Galli che, se l'argomento non lo interessa, di solito risponde: «Me ne frega un cazzo». Altrimenti dà appuntamento in breve tempo, a Milano più che a Roma.

Scrive invece Walter Tobagi: «Craxi fu una specie di tigre nel motore del Psi. Introdusse un piglio da manager nella politica, convinto che i problemi italiani non si risolvono chiudendosi entro i confini».

Tutti, anche i nemici, gli riconoscono una grande grinta. È considerato il discepolo di Nenni ma, secondo il cognato Paolo Pillitteri, «trasformò radicalmente il socialismo nenniano conservandone soltanto l'autonomismo [...]. Craxi è debitore al grande Saragat come alfiere della libertà, dei fratelli Rosselli come combattenti per il socialismo liberale». Lui stesso, nei giorni di Hammamet, arriverà a paragonarsi ai martiri della Resistenza. Accostamento decisamente esagerato.

L'idea di Craxi è che il socialismo debba recuperare le radici riformiste di Filippo Turati e seguire la dottrina del socialista tedesco Eduard Bernstein, basata sulle riforme più che sulla rivoluzione. Nel 1978 fissa sull'«Espresso» molte delle sue idee su cosa debba divenire il socialismo in Italia, firmando un breve

**Al contrario di altri politici, non è inavvicinabile. Scrive però Giancarlo Galli che, se l'argomento non lo interessa, di solito risponde: «Me ne frega un cazzo». Altrimenti dà appuntamento in breve tempo, a Milano più che a Roma.**

saggio sul pensatore francese Pierre-Joseph Proudhon. L'allora direttore Livio Zanetti intitola il pezzo *Il vangelo socialista*. Paolo Mieli nell'introduzione segnala l'inizio dell'offensiva tra Psi e Pci. Proprio sull'«Espresso» Marco Damilano ricorderà che l'articolo di Craxi era uscito il 27 agosto 1978, «alla fine di un mese in cui era morto un papa (Paolo VI), era stato appena eletto un altro (il patriarca di Venezia Albino Luciani con il nome Giovanni Paolo I, che morirà trentatré giorni dopo), Mina aveva tenuto il suo ultimo concerto pubblico al Bussoladomani di Viareggio e la politica si apprestava a riprendere il suo cammino dopo i giorni del sequestro e dell'omicidio di Aldo Moro, le dimissioni del presidente della Repubblica Giovanni Leone, i referendum per abrogare la legge Reale sull'ordine e la sicurezza e soprattutto il finanziamento pubblico dei partiti, che aveva raccolto il 46 per cento dei sì nonostante la contrarietà di tutte le forze politiche tranne i radicali, ben più di un campanello d'allarme per il sistema politico».

Un saggio anticomunista, antimarxista, antileninista, il cui bersaglio è il Pci. Enrico Berlinguer ha lanciato la sfida il 2 agosto precedente in un'intervista a Scalfari su «Repubblica», in cui difende la matrice leninista del pensiero comunista e afferma: «C'è una neo-vocazione a farci l'esame da parte dell'attuale gruppo dirigente socialista. È un fatto nuovo e preoccupante». Craxi con il suo saggio dà il via alla sua battaglia contro il Pci.

A dire il vero, non è l'ideologia che lo interessa. L'impalcatura delle idee, affidata a intellettuali di valore, serve più che altro a dare una patina di nobiltà alla tattica. Quanto alla strategia, è una sola: rompere l'abbraccio tra democristiani e comunisti. E ricostruire il centrosinistra, con un ruolo da protagonista per il Psi, in particolare per lui stesso.

**Aprile 1982. Craxi con un giovanissimo Gad Lerner in occasione del 19° Congresso del Psdi. (Mondadori Portfolio/Archivio Alberto Roveri)**

Il cambiamento all'interno del partito passa anche attraverso le immagini e la grafica. Al 41° Congresso del Psi a Torino, durante il rapimento Moro, fa la sua comparsa un nuovo simbolo, con il garofano rosso che sovrasta l'icona classica di falce, martello e libro. È stato ideato dall'artista siciliano Filippo Panseca, morto alla fine del 2024, in questi giorni, mentre scrivo. Il garofano rosso è un'immagine che già appartiene alla tradizione socialista, è il fiore simbolo della festa dei lavoratori. Nel 1984 Panseca realizzerà su richiesta di Craxi un ulteriore simbolo, ma solo con il garofano, che sarà il nuovo emblema del Psi. Falce e martello non ci sono più.

**Roma, piazza Navona 1982.**
**(Frassineti © AGF/Leemage/Bridgeman Images)**

Roma, febbraio 1979. Gianni De Michelis, Craxi e il vicesegretario Claudio Signorile durante la conferenza stampa per la presentazione del nuovo simbolo del Psi. (Fondazione Craxi ETS)

**A dire il vero, non è l'ideologia che lo interessa. L'impalcatura delle idee, affidata a intellettuali di valore, serve più che altro a dare una patina di nobiltà alla tattica. Quanto alla strategia, è una sola: rompere l'abbraccio tra democristiani e comunisti. E ricostruire il centrosinistra, con un ruolo da protagonista per il Psi, in particolare per lui stesso.**

**Craxi crea un ponte con le Brigate rosse, grazie a militanti di Potere operaio – Lanfranco Pace, Franco Piperno – vicini alla sinistra extraparlamentare. Viene individuata proprio un'ex militante di Potere operaio, Paola Besuschio, condannata a quindici anni come brigatista ma non accusata di fatti di sangue, come pedina di scambio: la sua libertà in cambio di quella di Moro.**

Nel 1978 Craxi si trova ad affrontare uno dei passaggi più drammatici della politica del secondo dopoguerra: il rapimento di Aldo Moro. E lo fa sia con il sincero intento di salvare la vita al presidente della Democrazia cristiana, sia per distinguersi dalla linea scelta dalla Dc e dal Pci.

Il congresso socialista di Torino è convocato per il 29 marzo. Moro è stato rapito il 16. Proprio nel giorno in cui i vertici del Psi sono riuniti, esce il terzo comunicato delle Brigate rosse, con una lettera autografa del prigioniero, a testimoniare che è ancora vivo.

Craxi, nel memoriale per la commissione Moro, sosterrà: «Moro vivo con la lettera autografa apre un problema. [...] Era apparso chiaro l'orientamento del congresso del partito: da una parte la posizione intransigente di lotta e di sfida al terrorismo, dall'altra un atteggiamento di forte sensibilità verso il problema della salvezza dell'onorevole Moro».

Craxi non è per la fermezza, ma per la trattativa. Massimo Pini testimonia che la famiglia di Aldo Moro si fa viva con Craxi. Riporta questa sua frase: «Volevano che mi facessi avanti, che cercassi una strada, che mi spingessi oltre. Mi chiedevano di aiutarli e io ne tenni conto». In un ricordo pubblicato sul «Dubbio» Fabrizio Cicchitto racconta: «Quando Craxi rese pubblica la posizione favorevole alla trattativa del Psi, Moro gli inviò una lettera che per alcune ore rimase segreta. Allora Craxi chiamò uno per uno gli esponenti del gruppo dirigente socialista e separatamente a ognuno di essi fece leggere quel testo. Fui chiamato anch'io: eravamo soli nella sua stanza, Craxi e il sottoscritto; Bettino mi passò la lettera senza una parola, io la lessi, e ci guardammo negli occhi. Allora Craxi mi disse "Andiamo avanti, faremo di tutto per salvargli la vita, noi non siamo come i comunisti", si alzò in piedi, mi abbracciò e si commosse».

La lettera di Moro inizia così:

> *Caro Craxi,*
> *poiché ho colto, pur tra le notizie frammentarie che mi pervengono, una forte sensibilità umanitaria del tuo Partito in questa dolorosa vicenda, sono qui a scongiurarti di continuare ed anzi accentuare la tua importante iniziativa. È da mettere in chiaro che non si tratta d'inviti rivolti agli altri a compiere atti di umanità, inviti del tutto inutili, ma di dar luogo con la dovuta urgenza ad una seria ed equilibrata trattativa per lo scambio di prigionieri politici.*

Dal testo si capisce bene che Moro e Craxi non sono intimi. A un certo punto, il presidente Dc si augura che la lettera possa arrivare al destinatario, «al San Rafael o al partito». All'evidenza, Moro non è mai stato nell'hotel di Craxi, non ne conosce neppure il nome. Però il senso politico della lettera è chiarissimo: non basta l'intento umanitario, occorre organizzare uno scambio di prigionieri.

Craxi ci lavora. Crea un ponte con le Brigate rosse, grazie a militanti di Potere operaio – Lanfranco Pace, Franco Piperno – vicini alla sinistra extraparlamentare che guarda con interesse alla svolta anti Pci della segreteria di Craxi. Viene individuata proprio un'ex militante di Potere operaio, Paola Besuschio, condannata a quindici anni come brigatista ma non accusata di fatti di sangue, come pedina di scambio: la sua libertà in cambio di quella di Moro. Non è un'iniziativa isolata, anche Amintore Fanfani è favorevole alla trattativa, il presidente della Repubblica Giovanni Leone fa sapere di avere «la penna in mano», pronto a firmare la grazia per Besuschio.

**Roma, settembre 1978. Craxi e Fabrizio Cicchitto durante i lavori della direzione socialista. (Fondazione Craxi ETS)**
***Nella pagina seguente:* Roma, 13 maggio 1978. Craxi ed Enrico Berlinguer durante il rito funebre per Aldo Moro nella basilica di San Giovanni in Laterano. (Fondazione Craxi ETS)**

Ma ormai Moro sarebbe più destabilizzante da vivo che da morto. Le Brigate rosse non lo capiscono. Gli americani sì. Andreotti pure. Quanto al Pci, è fuori discussione dare legittimità di interlocutore dello Stato a un partito armato che si definisce comunista. Francesco Cossiga, allora ministro dell'Interno e legatissimo a Moro, mi ha raccontato: «A un certo punto, ci rassegnammo a considerarlo morto, a non poterlo più salvare».

Il compromesso storico muore con Moro. Paradossalmente, saranno i comunisti a pagare il prezzo politico della linea della fermezza: senza il grande tessitore, la tela dell'accordo tra Dc e Pci va a pezzi. E saranno i socialisti, che Moro avevano tentato di salvarlo, a incassare il dividendo politico della nuova stagione che sta per aprirsi: l'uscita definitiva del Pci dalle maggioranze di governo; il ritorno del centrosinistra, che però, senza lo slancio riformatore degli anni Sessanta, è condannato a degenerare in un patto di potere.

Salta anche Giovanni Leone. Il 15 giugno 1978 il presidente della Repubblica è costretto a lasciare il Quirinale in seguito allo scandalo Lockheed. È innocente; ma la Dc decide di sacrificarlo alle richieste del Pci.

A Palazzo Chigi c'è il governo delle larghe intese di Giulio Andreotti, un monocolore democristiano sostenuto da Psi, Psdi, Pri e – a partire dal voto di fiducia fissato nel giorno del rapimento Moro – anche dal Pci, che prima si era astenuto. Al Quirinale finora si sono alternati un laico e un democristiano: il liberale Einaudi e il cattolico Gronchi; poi, dopo il biennio di Segni, il socialdemocratico Saragat e il democristiano Leone. Adesso tocca a un laico.

I primi scrutini sono un nulla di fatto. Craxi vorrebbe far eleggere Antonio Giolitti o meglio ancora Giuliano Vassalli. Considera Sandro Pertini troppo indipendente, lontano dal nuovo stile del partito; inoltre ha sostenuto la linea della fermezza durante il sequestro Moro. Berlinguer, però, interviene nella partita, e indica il nome di Pertini. Craxi non può dire di no, e fa propria la candidatura. Pertini gli scrive che vuol essere sostenuto da tutte le forze che reggono il governo. Dopo altri passi avanti e indietro, quando Craxi capisce che i suoi prescelti non hanno possibilità, mentre Pertini ottiene anche l'appoggio della Dc, decide di far buon viso a cattivo gioco, e simula la sua soddisfazione.

**Il compromesso storico muore con Moro. Paradossalmente, saranno i comunisti a pagare il prezzo politico della linea della fermezza: senza il grande tessitore, la tela dell'accordo tra Dc e Pci va a pezzi. E saranno i socialisti, che Moro avevano tentato di salvarlo, a incassare il dividendo politico della nuova stagione che sta per aprirsi: l'uscita definitiva del Pci dalle maggioranze di governo; il ritorno del centrosinistra, che però, senza lo slancio riformatore degli anni Sessanta, è condannato a degenerare in un patto di potere.**

Al sedicesimo scrutinio, l'8 luglio 1978, Sandro Pertini è eletto settimo presidente della Repubblica italiana, con 832 voti su 995, un plebiscito. Ha quasi ottantadue anni, alcuni pensano che non durerà a lungo. Ma quel grande presidente antifascista, partigiano e socialista, forse il più amato tra tutti, mette in guardia: «Mia madre morì a novant'anni, e solo perché cadde da una sedia. Mio fratello ha felicemente raggiunto quota novantaquattro».

A Roma nel 1977 con Sandro Pertini. (Angelo Palma/A3/Contrasto)

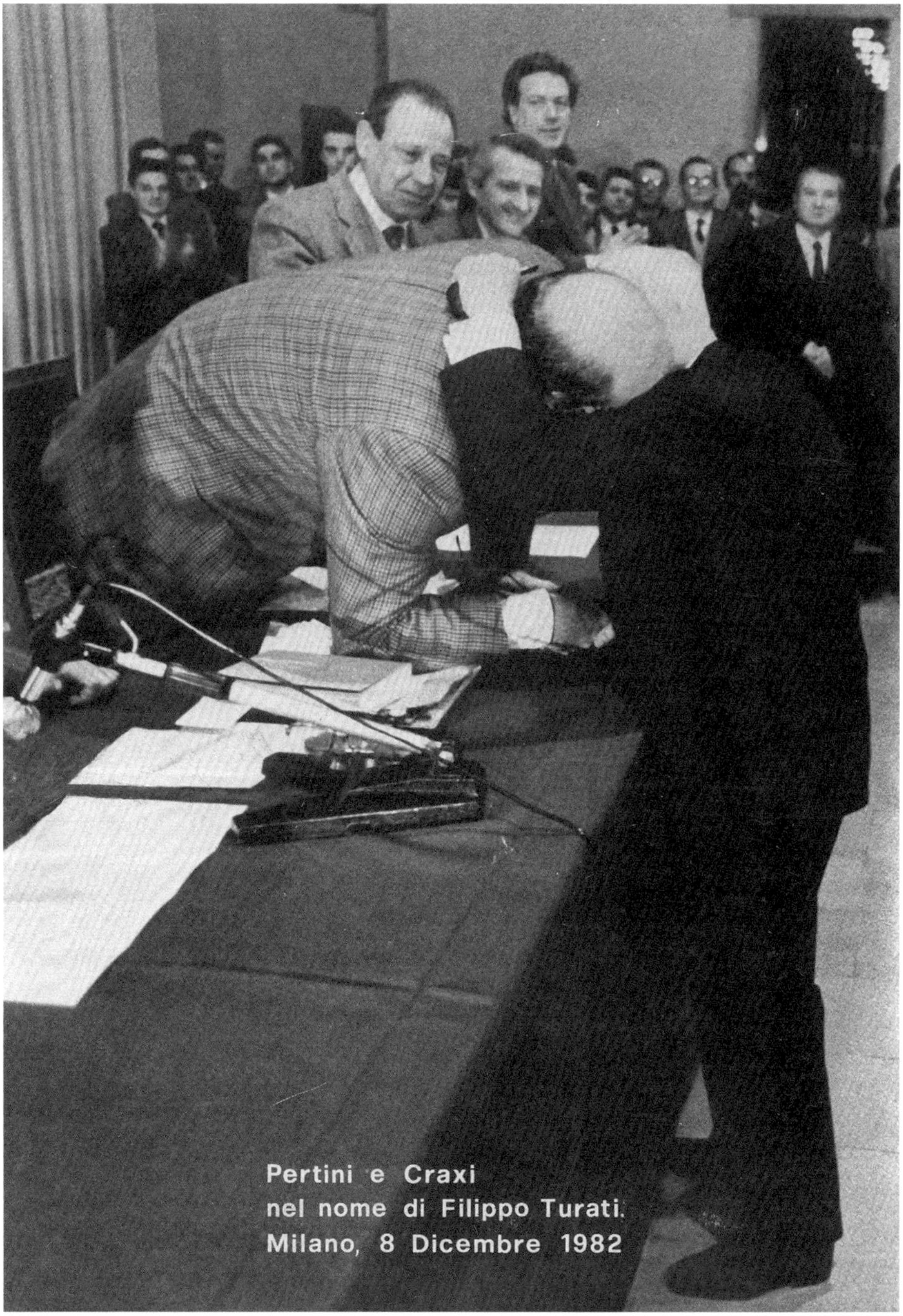


Convegno internazionale Filippo Turati e il socialismo.
(Fondazione Craxi ETS)

Per Craxi non è andata proprio come avrebbe voluto, però con Pertini avrà un rapporto schietto e leale. Ha pur sempre portato sul Quirinale un esponente storico del suo partito. L'alternativa non sarebbe stato un altro socialista, ma l'ennesimo democristiano, o il repubblicano Ugo La Malfa, anche lui fautore della linea della fermezza e del dialogo con i comunisti. Certo, dal punto di vista di Craxi, sarà dura per il Psi conquistare pure Palazzo Chigi, dopo il Quirinale. Invece sarà proprio Pertini a conferirgli cinque anni dopo l'incarico di presidente del Consiglio.

Dopo le elezioni del giugno 1979, la corrente autonomista – che ormai tutti chiamano «craxiana» – si è rafforzata rispetto alla corrente di sinistra del partito, guidata da Claudio Signorile. Anche Gianni De Michelis, passato alla storia anche per i soprannomi che Enzo Biagi gli ha cucito addosso – «illustre forforato», «avanzo di balera» – , è ormai schierato apertamente con Craxi.

Il segretario, sempre più solido, deve ora prendere una decisione importante per la politica internazionale del Psi.

Alla fine del 1979 il Parlamento discute una richiesta della Nato, cioè degli americani: installare sul territorio nazionale i missili Usa Pershing 2 e Cruise. L'Unione Sovietica dal 1977 sta piazzando nei Paesi dell'Europa orientale missili SS-20, provvisti ognuno di tre testate atomiche, che possono colpire l'Europa occidentale.

Al rientro da un viaggio in Cina, Craxi pronuncia un discorso al Teatro Lirico di Milano, il 2 dicembre 1979, che vale la pena riportare perché sembra parte del dibattito dei nostri giorni: «Nostro principio è: pace fondata sull'equilibrio. La nostra regola deve essere il negoziato. La decisione di produrre nuovi missili destinati a ristabilire l'equilibrio deve essere accompagnata dalla richiesta di un negoziato per stabilire gli equilibri al livello più basso. Noi non accettiamo la posizione di chi dice che i missili dovrebbero essere installati comunque. Se sarà possibile un negoziato, e si raggiungeranno risultati soddisfacenti, dovranno potersi prendere nuove decisioni in materia di produzione e di installazione. Ma non possiamo neppure consentire con coloro che praticamente ci dicono di non decidere nulla ignorando o negando l'esistenza stessa del problema. Costoro fanno della demagogia pacifista, ma non lavorano per la pace».

Il Psi è l'unico partito della sinistra a votare a favore degli euromissili, ottenendo, come sostiene lo storico Giuseppe Mammarella, un triplice effetto: sottolineare il proprio atlantismo; approfondire la distanza dal Pci; gettare le basi per un futuro assenso americano a un governo guidato per la prima volta da un socialista.

Gli anni di piombo, nella nostra memoria, sono gli anni Settanta. In realtà gli anni più sanguinosi sono i primi del decennio successivo. Un assassinio in particolare scuote profondamente l'animo di Craxi. È quello dell'inviato speciale del «Corriere della Sera» Walter Tobagi, che il 28 maggio 1980 viene ucciso sotto casa da un commando di terroristi della Brigata XXVIII Marzo. Neppure brigatisti; aspiranti tali. L'omicidio di un giornalista interpretato come una prova di ammissione.

Tobagi aveva trentatré anni e due figli, Luca e Benedetta, che nel 2023 ha vinto il premio Campiello con un libro di cui suo padre sarebbe fiero: *La Resistenza delle donne*.

Per Craxi la morte di Tobagi è una ferita che resterà sempre aperta. È convinto infatti che, al di là degli esecutori materiali, ci siano altri mandanti e che alcuni siano vicini o interni all'ambiente giornalistico. E punta il dito contro lo stesso «Corriere della Sera». In un'intervista per un documentario a dieci anni dall'omicidio ha un'aria molto grave mentre parla del suo amico Walter: «Era un giornalista colto e coraggioso e un uomo con un'intelligenza critica molto vivace, molto disponibile al dialogo. Eravamo amici ed eravamo anche vicini di casa, infatti lo uccisero a due passi da casa mia. Quella mattina io ero a Roma e mi precipitai nel pomeriggio a Milano e, ricordo, andai al "Corriere della Sera". Entrai nella stanza del direttore, il direttore chiuse la porta dietro di sé e mi disse: "Sono qui, sono qui dentro". Intendendo dire che erano lì dentro gli assassini o i mandanti degli assassini. Ricordo che al funerale incontrai il generale Dalla Chiesa, il quale mi avvicinò e mi disse: "Onorevole, vedrà che li prendiamo. Io ho già qualche idea". E infatti li presero. Purtroppo gli assassini di Walter Tobagi sono già in libertà e lo sono da tempo. Ed è una delle pagine sconfortanti della giustizia del nostro Paese». Per Craxi Walter Tobagi è stato ucciso per odio politico e fanatismo, un odio rivolto in particolare contro i socialisti.

**Gli anni di piombo, nella nostra memoria, sono gli anni Settanta. In realtà gli anni più sanguinosi sono i primi del decennio successivo. Un assassinio in particolare scuote profondamente l'animo di Craxi. È quello dell'inviato speciale del «Corriere della Sera» Walter Tobagi.**

I condannati sono Marco Barbone, Paolo Morandini, Mario Marano, Francesco Giordano, Daniele Laus e Manfredi De Stefano. Due di loro sono in effetti vicini agli ambienti dell'editoria e del giornalismo. Anche se le parole contro il «Corriere», non provate, sono forse il frutto di una certa ossessione che Craxi aveva verso il quotidiano milanese, ereditata poi da quello che alcuni considerano, sia pure a torto, il suo successore politico: Silvio Berlusconi.

Milano, 30 maggio 1980. Funerali di Walter Tobagi.
Craxi saluta la moglie, Maristella Olivieri.
(Mondadori Portfolio/Adriano Alecchi)

Fin da allora, Craxi coltiva rapporti difficili con i magistrati di Milano. Sul caso Tobagi attacca duramente la procura, tanto che nel dicembre 1985 il presidente della Repubblica Cossiga vieterà al Csm di discutere la mozione di censura contro Craxi, allora primo ministro. Non è ancora il Cossiga picconatore, anzi, si muove con stile e linguaggio prudenti. Eppure minaccia di presentarsi personalmente alla riunione e fa schierare un battaglione di carabinieri in assetto antisommossa nei pressi di Palazzo dei Marescialli, sede del Csm, pronti a intervenire – almeno secondo Cossiga – nel caso in cui la mozione sia discussa. Nessuno osa correre il rischio.

Alle elezioni del 1979 l'effetto Craxi ancora non si è visto: il Psi è avanzato di due decimali, restando sotto il 10 per cento. Sono gli anni in cui il segretario consolida il controllo del partito. È attentissimo alle questioni finanziarie, quando la corrente di sinistra viene coinvolta nello scandalo Eni-Petromin – tangenti pagate su una fornitura di petrolio saudita – Craxi vede una manovra per sottrargli la guida del Psi, e reagisce di conseguenza. L'opposizione interna è azzerata.

Vanno meglio le elezioni del 1983. Il Psi cresce di seicentomila voti, fino all'11,4 per cento. Non sfonda, ma è comunque l'unico dei grandi partiti ad avanzare. Il Pci scende sotto il 30 per cento. La Dc di Ciriaco De Mita perde due milioni di voti. Il prezzo di Craxi per collaborare con la Dc al governo è alto: Palazzo Chigi (già conquistato nel 1982 per la prima volta da un laico, Giovanni Spadolini).

Il primo governo Craxi è il più longevo della Prima Repubblica fino a quel momento: 1058 giorni, dal 4 agosto 1983 al 1° agosto 1986 (il primato sarà battuto solo da Berlusconi). La sua nascita è favorita dal crollo di consenso e dalle divisioni interne della Dc. Gli equilibri della maggioranza si spostano a favore dei socialisti. Alcuni nella Dc pensano che è sempre meglio un socialista al governo di un comunista. Pertini dà a Craxi l'incarico di formare l'esecutivo: Forlani è vicepresidente, Andreotti va agli Esteri, Scalfaro agli Interni, Martinazzoli alla Giustizia, Spadolini alla Difesa, a rinfrancare gli americani.

**Alle elezioni del 1979 l'effetto Craxi ancora non si è visto: il Psi è avanzato di due decimali, restando sotto il 10 per cento. Sono gli anni in cui il segretario consolida il controllo del partito. È attentissimo alle questioni finanziarie, quando la corrente di sinistra viene coinvolta nello scandalo Eni-Petromin – tangenti pagate su una fornitura di petrolio saudita – Craxi vede una manovra per sottrargli la guida del Psi, e reagisce di conseguenza. L'opposizione interna è azzerata.**

Saranno anni di riforme e di crescita economica. «E la nave va» sorride Bettino. Difficile stabilire quanto sia merito suo, e quanto del lavoro degli italiani. Di sicuro si può riconoscere che Craxi sapesse governare. Nell'ultimo anno a Palazzo Chigi, il 1987, Craxi annuncerà che il prodotto interno lordo ha superato quello del Regno Unito: l'Italia è la quinta potenza economica al mondo, dietro a Stati Uniti, Giappone, Germania, Francia. Cresce però anche il debito pubblico, destinato poi a esplodere alla fine del decennio, con gli ultimi governi a guida democristiana.

Craxi prende di petto l'inflazione, che erode i salari. In Italia allora funziona a pieno ritmo la «scala mobile», che adegua gli stipendi all'inflazione. Ma così si innesca un cortocircuito, perché l'aumento dei salari spinge l'inflazione, che erode il potere d'acquisto. Nasce così il «decreto di San Valentino», che il 14 febbraio 1984 ratifica l'accordo di Craxi con la Cisl e la Uil, che quindi divide i sindacati. Viene imposta ai lavoratori la rinuncia ad alcuni scatti salariali per favorire la disinflazione. La Cgil non aderisce, perché legata al Pci, e anzi sostiene la proposta di referendum abrogativo voluta dal Partito comunista.

Craxi e De Mita a Roma nel 1984. (Mondadori Portfolio/
Archivio Massimo Di Vita)

Craxi ed il suo governo, Da sinistra: Clelio Darida, Nicola Capria, Giovanni Spadolini, Arnaldo Forlani, Sandro Pertini, Giulio Andreotti, Gianni De Michelis, Maria Eletta Martini, Pietro Longo, Franco Nicolazzi, Claudio Signorile, Remo Gaspari, Oscar Mammì, Luigi Granelli. (Mondadori Portfolio/Archivio Apg)

**Il 9 e 10 giugno 1985, si va al referendum. Chiedono a Craxi: «Se vince il sì, si dimetterà?». Lui risponde: «Un minuto dopo». Non si può dire che Craxi non abbia personalizzato il referendum. L'esito però è molto diverso da quello della consultazione del 2016 sulla riforma costituzionale di Renzi. Il no prevale in modo non schiacciante ma netto, con il 54,3 per cento dei voti. Craxi ha sconfitto i comunisti.**

Berlinguer muore l'11 giugno 1984.

Il 27 marzo 1985 Ezio Tarantelli, economista che ha lavorato per la Cisl alla riforma della «scala mobile», viene assassinato dalle Br.

Il 9 e 10 giugno 1985, si va al referendum. Chiedono a Craxi: «Se vince il sì, si dimetterà?». Lui risponde: «Un minuto dopo». Non si può dire che Craxi non abbia personalizzato il referendum. L'esito però è molto diverso da quello della consultazione del 2016 sulla riforma costituzionale di Renzi. Il no prevale in modo non schiacciante ma netto, con il 54,3 per cento dei voti.

Craxi ha sconfitto i comunisti. Ma si è messo contro lavoratori dipendenti e pensionati. Hanno difeso la sua riforma i ceti emergenti ma anche un elettorato conservatore che magari lo stima, ma non voterebbe mai per un partito che ancora considera, e si considera, di sinistra.

Craxi centra anche un altro obiettivo. Firma con il segretario di Stato vaticano, il cardinale Agostino Casaroli, una revisione del Concordato tra la Santa Sede e l'Italia. Le misure sono molte, ma le più importanti sono due: da un lato la religione cattolica non è più indicata come religione di Stato; dall'altro viene istituito l'8 per mille.

Un altro provvedimento rilevante legato al governo Craxi è la legge Bacchelli. Grazie a questa norma alcuni dei nostri artisti, come i poeti Dario Bellezza e Alda Merini, hanno potuto vivere con dignità una parte della loro esistenza, con un vitalizio dello Stato che li ha aiutati a superare situazioni di indigenza.

Ma sono anche gli anni dei decreti Berlusconi, le cui reti televisive avevano trasmesso illegittimamente su tutto il territorio nazionale attraverso lo stratagemma delle videocassette diffuse simultaneamente. Craxi varerà tre decreti a favore dell'amico Silvio e delle sue televisioni, che con i varietà e i telefilm a puntate, a cominciare da *Dallas*, danno il via a una trasformazione culturale del Paese. Lo slogan è un inno al riflusso, alla ritirata nel privato, al disimpegno politico: «Corri a casa in tutta fretta c'è un Biscione che ti aspetta». Berlusconi strappa alla Rai, con ingaggi moltiplicati, le star: Mike Bongiorno, Corrado, Raimondo Vianello, Raffaella Carrà, Enrica Bonaccorti.

Per Craxi, l'assetto delle tv di Berlusconi serve a indebolire i comunisti e a dare una limatina di unghie ai democristiani. La Dc controlla il primo canale Rai ma deve cedere ai socialisti Rai 2, che diventa anche un luogo di sperimentazione televisiva, da *Mixer* di Minoli ai programmi di Arbore.

Sempre sotto questo governo riaffiora un'idea vecchia di secoli: la costruzione del ponte sullo Stretto di Messina. Craxi è convinto che con una decina d'anni il ponte si farà, per il 1994 dovremmo esserci. Ora Salvini punta al 2032.

Sarà un altro il vero banco di prova della tempra del leader.

*Nella pagina precedente:* Craxi e Silvio Berlusconi, anni Ottanta. (Mondadori Portfolio/Archivio Apg)
Porto Said, Egitto, 1 ottobre 1985. Rapimento dell'*Achille Lauro*. (Felix Aeberli/RDB/ullstein bild via Getty Images)

La crisi di Sigonella è già storia, quando non epica e mito della parabola craxiana, tanto da ispirare film, documentari, saggi.

Dopo la notte di Sigonella, i comunisti si levarono in piedi alla Camera ad applaudire Craxi per la prima e ultima volta, e Giovanni Spadolini si dimise da ministro della Difesa. Quella storia per molti italiani è ancora sinonimo di orgoglio nazionale. Craxi che affronta Reagan nella notte. Il colonnello Ercolano Annicchiarico che fronteggia i duecento marines con i suoi trenta avieri spaventati. L'arrivo dei carabinieri.

Il 7 ottobre 1985 un commando di quattro palestinesi sequestra la nave da crociera italiana *Achille Lauro* in acque egiziane,

10 ottobre 1985. Gli ostaggi liberati vengono portati a terra dopo la resa dei quattro dirottatori palestinesi. (Bernard Bisson/ Sygma via Getty Images)

**La crisi di Sigonella è già storia, quando non epica e mito della parabola craxiana, tanto da ispirare film, documentari, saggi.
Dopo la notte di Sigonella, i comunisti si levarono in piedi alla Camera ad applaudire Craxi per la prima e ultima volta, e Giovanni Spadolini si dimise da ministro della Difesa. Quella storia per molti italiani è ancora sinonimo di orgoglio nazionale. Craxi che affronta Reagan nella notte.
Il colonnello Ercole Annichiarico che fronteggia i duecento marines con i suoi trenta avieri spaventati. L'arrivo dei carabinieri.**

tra Alessandria e Porto Said. I terroristi si erano intrufolati tra i passeggeri grazie a passaporti falsi al porto di Genova, da dove la nave era salpata il 3 ottobre. Sono Al Molqi Magied, Fataier Abdelatif Ibrahim, Al Assadi Ahmad Marouf ed Al Asker Bassam, un minorenne.

A bordo viaggiano cinquecentoquarantacinque persone, di cui duecentouno sono passeggeri, alcuni americani.

Nel primo pomeriggio del 7 ottobre un operatore di Göteborg, in Svezia, capta un segnale radio dell'*Achille Lauro*. Il marconista fa sapere che c'è stata una sparatoria e militanti palestinesi hanno dirottato la nave. I terroristi, ricollegabili al Fronte per la liberazione della Palestina, richiedono la liberazione di cinquanta compagni detenuti in Israele. Sembra che all'inizio l'obiettivo non fosse la nave, ma una località in territorio israeliano. Scoperto prima del tempo, il commando aveva preso in ostaggio equipaggio e passeggeri.

Nel 1985, in Italia, Cossiga è presidente della Repubblica, Craxi presidente del Consiglio, Andreotti ministro degli Esteri, con una linea filoaraba, Spadolini ministro della Difesa, su posizioni decisamente atlantiste.

La sera stessa Andreotti convoca l'unità di crisi e Spadolini i vertici di forze armate e servizi segreti.

Il governo italiano entra in contatto con Arafat, il capo dell'Organizzazione per la liberazione della Palestina, che disconosce l'operazione terroristica e offre il proprio aiuto.

**1985. Craxi, presidente del Consiglio, e Giulio Andreotti, ministro degli Esteri. (Romano Gentile/A3/Contrasto)**

Washington, 1 ottobre 1983. Ronald Reagan e Bettino Craxi nello Studio Ovale della Casa Bianca. A sinistra George Shultz e a destra Giulio Andreotti. (Leonardo Cendamo/Getty Images)

Iniziano a emergere le posizioni differenti all'interno del governo. Spadolini, con il sostegno di Cossiga, vorrebbe l'intervento armato; Andreotti è per la ricerca di una via diplomatica, che anche Craxi preferisce. Ha un ruolo nella trattativa il leader egiziano Hosni Mubarak, che collabora con l'Italia.

Arafat invia due emissari in Egitto, Hani El Hassan e Abu Abbas, capo del Flp, l'organizzazione di cui fanno parte i terroristi, ma, così pare, come cellula dissidente. Si scoprirà più tardi che in realtà i terroristi sono agli ordini di Abu Abbas, che in teoria sarebbe lì come mediatore. L'8 ottobre il commando assassina un cittadino ebreo americano in sedia a rotelle, Leon Klinghoffer. La modalità è feroce: un colpo al petto, uno alla testa, il corpo gettato in mare.

Gerardo De Rosa, il comandante della nave, racconta che i terroristi, di fronte alle reticenze dei governi, minacciano di uccidere un passeggero ogni tre minuti se non otterranno risposte.

Tra il 9 e il 10 ottobre le trattative in Egitto vanno a buon fine: il commando si arrende, dietro la promessa di un salvacondotto, che l'America non vuole dare, l'Italia sì, a patto che non ci siano state violenze sulla nave. Il governo ancora non sa dell'omicidio di Klinghoffer, di cui il comandante non fa cenno in una telefonata con Roma.

Un rimorchiatore conduce a terra, a Porto Said, i dirottatori. È a questo punto che inizia lo scontro tra Italia e Stati Uniti.

Nella notte tra il 10 e l'11 ottobre un Boeing egiziano dovrebbe condurre in segreto i sei palestinesi – compreso Abu Abbas – in Tunisia. Il colonnello americano Ollie North, che sta seguendo la vicenda, avvisa il presidente Ronald Reagan, dice che vuole intercettarli. La risposta di Reagan è «Ok. Let's do it», «facciamolo». Tunisi rifiuta l'autorizzazione all'atterraggio, l'aereo egiziano, scortato da caccia americani, punta sulla base di Sigonella, in Sicilia. Aggiungerà Reagan: «A message to terrorists everywhere: you can run, but you can't hide», «un messaggio ai terroristi ovunque essi siano: potete correre, ma non potete nascondervi».

Craxi, presidente del Consiglio, e Yasser Arafat, presidente dell'Organizzazione per la liberazione della Palestina. (Mondadori Portfolio/Archivio Massimo Di Vita)

L'ambasciatore Rabb prova a contattare Craxi. Non riesce. Interviene allora una vecchia conoscenza del presidente del Consiglio, Michael Ledeen, consulente della Casa Bianca e amico di Craxi caduto in disgrazia. È quasi mezzanotte, il portiere del Raphaël passa a Ledeen il segretario particolare di Bettino, Cornelio Brandini, che lo fa parlare con il presidente del Consiglio.

Craxi è seccato. Intuisce che da quella storia possono venire guai. Chiede a Ledeen: «Perché deve atterrare proprio da noi?». Ne ottiene una risposta ironica: «Perché non esiste altro posto sulla terra che possa offrire come la Sicilia ai passeggeri dell'aereo una combinazione unica di bel clima, tradizioni culturali e una magnifica cucina».

**L'aereo con i terroristi a bordo atterra a Sigonella. Craxi vuole che i militari italiani difendano l'aereo egiziano. Agli ordini del colonnello Ercolano Annicchiarico, gli avieri si dispongono in circolo attorno al Boeing. Soldati americani comandati dal generale Carl Stiner, scesi da due aerei atterrati senza autorizzazione, circondano a loro volta gli italiani. Ma un cordone di carabinieri circonda a sua volta gli americani. La situazione è tesa, le forze si fronteggiano. In una telefonata Reagan spiega che vuole che i terroristi siano processati negli Stati Uniti, Craxi ribatte sul piano giuridico, spiega che non può lasciarli andare, perché sono sotto la giurisdizione italiana: i quattro dirottatori saranno processati, i due mediatori non possono però essere confusi con loro.**

Craxi avvisa l'ammiraglio Fulvio Martini, allora capo del Sismi, il servizio segreto militare: c'è una rogna in arrivo.

L'aereo con i terroristi a bordo atterra a Sigonella. Craxi vuole che i militari italiani difendano l'aereo egiziano. Agli ordini del colonnello Ercolano Annicchiarico, gli avieri si dispongono in circolo attorno al Boeing. Soldati americani comandati dal generale Carl Stiner, scesi da due aerei atterrati senza autorizzazione, circondano a loro volta gli italiani. Ma un cordone di carabinieri circonda a sua volta gli americani. La situazione è tesa, le forze si fronteggiano. In una telefonata Reagan spiega che vuole che i terroristi siano processati negli Stati Uniti, Craxi ribatte sul piano giuridico, spiega che non può lasciarli andare, perché sono sotto la giurisdizione italiana: i quattro dirottatori saranno processati, i due mediatori non possono però essere confusi con loro.

Alle quattro di mattina Stiner riceve l'ordine di ritirarsi. I terroristi sono portati in carcere a Siracusa, mentre Abu Abbas e l'uomo dell'Olp vengono trasferiti a Ciampino con un aereo, seguito a distanza dall'irriducibile Stiner, che pure lui atterra a Ciampino, senza autorizzazione. Ma non osa intervenire con le armi.

Il 12 ottobre i due palestinesi arrivano a Belgrado su un volo di linea. Dalle intercettazioni emerge la responsabilità di Abu Abbas, che verrà processato in contumacia e condannato all'ergastolo dal tribunale di Genova, che condannerà anche i quattro terroristi.

Gli americani non sono certo contenti. Abu Abbas, un terrorista internazionale, il responsabile dell'assassinio di un ebreo americano, l'ha fatta franca.

Spadolini, che non approva l'operato di Craxi e Andreotti, apre la crisi di governo.

Il 17 ottobre il presidente del Consiglio riferisce in Parlamento e ricostruisce i fatti. I sondaggi indicano che oltre la metà degli italiani apprezza l'operato di Craxi. Un vuoto di governo in Italia non conviene a nessuno. Arriva una lettera di Reagan, che esordisce con un amichevole «Dear Bettino...». Il Pri, spinto dagli america-

Washington, 1 marzo 1985. Il premier italiano con il Presidente Reagan durante la cerimonia alla Casa Bianca. (Diana Walker/Getty Images)

ni, rientra nei ranghi. Il 25 ottobre «Dear Bettino» incontra Reagan al palazzo dell'Onu. I due hanno un colloquio di mezz'ora: «L'incidente è chiuso» dice Reagan. «Amici come prima» risponde Craxi.

Chissà se è davvero così.

Nell'estate del 1986 il governo Craxi entra in crisi. De Mita lo mette alle strette, e ottiene un accordo: nascerà un secondo governo Craxi, fino al marzo successivo; poi ci sarà la «staffetta», vale a dire il passaggio di testimone a un governo a guida democristiana, che porterà a termine la legislatura, sino al giugno 1988.

Craxi vara un nuovo governo il 1° agosto 1986, ma l'anno dopo rifiuterà di cedere Palazzo Chigi a un democristiano: meglio le elezioni anticipate.

Craxi si dimette il 18 aprile 1987. Affronta una campagna elettorale molto dura, sia nei confronti dei tradizionali rivali, i comunisti, sia verso gli alleati democristiani. «Voglio avere le mani libere» proclama: come a dire che non esclude nessuna alleanza di governo, neppure l'alternativa di sinistra che ora il Pci propone. In realtà, Craxi sa bene da quale parte stare.

Marcello Sorgi mi ha raccontato di avere una vecchia discussione aperta con un altro grande direttore di giornali, Ezio Mauro. Secondo Mauro, Craxi credeva sinceramente a un'alleanza con i postcomunisti, ovviamente da un rapporto di forza più equilibrato: un po' quel che aveva fatto in Francia Mitterrand, che aveva portato i comunisti al governo finendo per logorarli. Secondo Sorgi, la politica di Craxi era una sola, fieramente avversa al Pci, e legata all'alleanza con i cattolici.

Non so chi abbia ragione. So che l'alternativa non si fece. Nella legislatura successiva, Craxi rimane fedele all'accordo di governo con la Dc, pur senza entrare nell'esecutivo: o capo o niente. Paradossalmente il leader socialista si intende meglio con la parte più conservatrice della Dc, che non con la sinistra del partito, che ai suoi occhi si ostina a voler dialogare con i comunisti.

Craxi con Ciriaco De Mita e Arnaldo Forlani.
(Mondadori Portfolio/Archivio APG)

Alle elezioni del giugno 1987, il Psi di Craxi supera i cinque milioni e mezzo di voti, e raggiunge il 14,3 per cento. In cuor suo forse Bettino si aspettava di più. In pubblico sorride e parla di «onda lunga».

**Craxi non ama Andreotti. Ogni tanto i due si punzecchiano. Bettino gli ricorda che «anche le vecchie volpi prima o poi finiscono in pellicceria», gli rimprovera che il suo governo «tira a campare». Andreotti replica con il suo cinismo romano: «Meglio tirare a campare che tirare le cuoia».**

Eppure i suoi cinque anni successivi non sono brillanti come i precedenti. La Dc manda a Palazzo Chigi prima Giovanni Goria, poi il segretario, Ciriaco De Mita, il nemico di Craxi. De Mita dura poco: prima gli amici democristiani gli tolgono la guida del partito; poi, per conto di Craxi, Martelli annuncia al congresso socialista che il Psi ritirerà la fiducia al governo; «e il "signori si scende" riguarda tutti, anche il macchinista».

È allora che nasce il CAF, l'accordo di potere tra la destra democristiana e il leader socialista: Craxi, Andreotti, presidente del Consiglio, Forlani, nuovo segretario Dc.

Craxi non ama Andreotti. Ogni tanto i due si punzecchiano. Bettino gli ricorda che «anche le vecchie volpi prima o poi finiscono in pellicceria», gli rimprovera che il suo governo «tira a campare». Andreotti replica con il suo cinismo romano: «Meglio tirare a campare che tirare le cuoia».

**Luglio 1985. Giulio Andreotti, Bettino Craxi, Arnaldo Forlani alla cerimonia del giuramento di Francesco Cossiga alla camera. (Olycom/Lapresse)**

Certo, Craxi intuisce che i governi del tirare a campare logoreranno anche lui. Scalpita al pensiero di tornare a Palazzo Chigi. Capisce che il sistema non funziona, propone riforme, parla di «governabilità», intende rafforzare i poteri dell'esecutivo, vagheggia il presidenzialismo: l'elezione diretta del capo dello Stato.

Però il cambiamento non arriva con lui, ma contro di lui.

**Quando crolla il Muro di Berlino, per Craxi sembra fatta. I suoi storici rivali hanno subìto una sconfitta storica. «Non voglio che neanche un calcinaccio di quel muro mi cada addosso» proclama. Eppure sarà proprio lui la vittima del cambio di regime.**

Il 9 giugno 1991 si tiene il referendum per la preferenza unica. L'idea è porre fine agli accordi di potere all'interno dei partiti: fino a quel momento le preferenze possono essere cinque, e si creano cordate, spesso rafforzate dal voto di scambio, che rendono difficile il rinnovamento della classe dirigente, e accrescono il peso delle segreterie dei partiti e dei capicorrente. Craxi non coglie né la portata della novità, né il malumore che ormai serpeggia nell'opinione pubblica. Il fatto che non ci siano più i comunisti, e la maggioranza dell'elettorato non voglia che al governo vadano i loro eredi, non significa che il sistema debba durare per sempre. Quando crolla il Muro di Berlino, per Craxi sembra fatta. I suoi storici rivali hanno subìto una sconfitta storica. «Non voglio che neanche un calcinaccio di quel muro mi cada addosso» proclama. Eppure sarà proprio lui la vittima del cambio di regime.

Il giorno del referendum, Craxi invita gli italiani ad «andare al mare». È una tattica che in seguito funzionerà: chi vuol votare no resta a casa, e si aggiunge alla massa degli astensionisti, per non far raggiungere il quorum e vanificare il referendum. Ma quella volta non funziona. Il 62,5 per cento degli italiani va alle urne; e una schiacciante maggioranza del 95,6 per cento vota per la preferenza unica.

Per la prima volta da quindici anni, Craxi dimostra di non

essere al passo dei tempi, di aver perso la sintonia con l'opinione pubblica, di non intuire dove sta andando il Paese.

Alla fine di giugno, Craxi celebra il Congresso a Bari. Fa molto caldo, la camicia madida di sudore lascia intravedere la canotta; e non è un bell'intravedere.

Ma è solo l'inizio della fine.

**Bari, 28 giugno 1991. Bettino Craxi al 46° Congresso del Partito socialista italiano. (Pool Micozzi/ Nusca/Gamma-Rapho via Getty Images)**
***Nella pagina seguente:*** **Rimini, congresso nazionale del Partito socialista. Discorso di Craxi. (Mondadori Portfolio/ Massimo Di Vita)**

'S RETIRED

**Montanelli dice di Craxi e dei finanziamenti illeciti ai partiti: «Lui non ha inventato questo sistema, ne ha approfittato larghissimamamente. È stato quello che forse ne ha approfittato di più, e con le maniere più brusche e prepotenti». E nella stessa intervista: «Clemenceau, che se ne intendeva, diceva: "Non esiste una democrazia senza un minimo di corruzione". In Italia c'era un massimo, la differenza era questa».**

Milano, 1990. Craxi e Indro Montanelli nella sede del «Giornale». (Archivio Cicconi/Getty Images)

Nei giorni di Hammamet, Bettino dirà di avere un rammarico. Con nessuno dei governi da lui guidati o sostenuti è riuscito a metter mano al finanziamento pubblico dei partiti, a creare una misura equivalente all'8 per mille nato per la Chiesa con il Concordato bis. E così il finanziamento di quei partiti che non sono sostenuti dall'estero come il Pci è basato su un sistema illegale, per quanto accettato e praticato da tutti. Intervistato da Alain Elkann per la sua *Storia d'Italia* Montanelli dice di Craxi e dei finanziamenti illeciti ai partiti: «Lui non ha inventato questo sistema, ne ha approfittato larghissimamente. È stato quello che forse ne ha approfittato di più, e con le maniere più brusche e prepotenti». E nella stessa intervista: «Clemenceau, che se ne intendeva, diceva: "Non esiste una democrazia senza un minimo di corruzione". In Italia c'era un massimo, la differenza era questa».

Sta per aprirsi la stagione di Tangentopoli, che vedrà i giudici della procura di Milano impegnati nell'operazione Mani pulite.

Il 17 febbraio 1992 uno sconosciuto pm milanese, Antonio Di Pietro, fa arrestare il socialista Mario Chiesa in flagranza di reato nel suo ufficio di presidente dello storico ospizio Pio Albergo Trivulzio, dove ha appena intascato una tangente di sette milioni di lire.

Rispondendo al Tg3 Craxi minimizza: «Una delle vittime di questa storia sono proprio io... Mi trovo davanti a un mariuolo che getta un'ombra su tutta l'immagine di un partito che a Milano, in cinquant'anni, non ha mai avuto un amministratore condannato per reati gravi contro la pubblica amministrazione». È la teoria del mariuolo isolato.

Ovviamente la realtà è ben diversa.

E provocare in quel modo il «mariuolo» Chiesa non è una grande idea.

Chiesa all'inizio tace. Ma il 23 marzo decide di parlare con i magistrati, di fare un quadro preciso del sistema delle tangenti nella politica degli ultimi decenni.

La procura di Milano concede una tregua per le elezioni. Il Psi si ferma al 13,6 per cento: per la prima volta da quando lo guida Craxi ha il segno meno rispetto alle elezioni precedenti. Il Pds, nato dalle ceneri del Pci, stacca i socialisti di due punti e mezzo. Per la prima volta la Dc crolla sotto il 30 per cento. Di Palazzo Chigi per Craxi non si parla più. La guida del nuovo governo spetta comunque ai socialisti. Al nuovo capo dello Stato, Oscar Luigi Scalfaro, il suo ex ministro dell'Interno, Craxi fa tre nomi: «Amato, De Michelis, Martelli; e non in ordine alfabetico».

Giuliano Amato diventa presidente del Consiglio. Ma l'inchiesta Mani pulite va avanti. Con il favore dell'opinione pubblica, e di conseguenza dei grandi giornali e delle tv di Berlusconi, che non guardano in faccia a nessuno, neppure all'amico del loro editore. Sui muri di Milano si scrive: «E venne un uomo chiamato Di Pietro».

**Craxi minimizza: «Una delle vittime di questa storia sono proprio io... Mi trovo davanti a un mariuolo che getta un'ombra su tutta l'immagine di un partito che a Milano, in cinquant'anni, non ha mai avuto un amministratore condannato per reati gravi contro la pubblica amministrazione». È la teoria del mariuolo isolato. Ovviamente la realtà è ben diversa.**

30 aprile 1993. (Pool Anticoli/MNicozzi/Nusca/Gamma-Rapho via Getty Images)

Craxi sente che l'assedio nei suoi confronti si fa sempre più stretto. Il 3 luglio 1992 si alza alla Camera e pronuncia queste parole: «Ciò che bisogna dire, e che tutti sanno del resto, è che buona parte del finanziamento politico è irregolare o illegale. I partiti, specie quelli che contano su apparati grandi, medi o piccoli, giornali, attività propagandistiche, promozionali e associative e con essi molte e varie strutture politiche e operative, hanno ricorso e ricorrono all'uso di risorse aggiuntive, in forma irregolare o illegale. Se gran parte di questa materia deve essere considerata materia puramente criminale, allora gran parte del sistema sarebbe un sistema criminale. Non credo che ci sia nessuno in quest'aula, responsabile politico di organizzazioni importanti, che possa alzarsi e pronunciare un giuramento in senso contrario a quanto affermo: perché presto o tardi i fatti si incaricherebbero di dichiararlo spergiuro». Nessuno si alza, nessuno giura. Tutti tacciono.

1993. L'ultimo discorso di Bettino Craxi al Parlamento italiano. (Archivio Cicconi/Getty Images)

Quel discorso è senz'altro efficace. Ma non può riportare indietro le lancette della storia, né modificare il clima del Paese, decisamente favorevole alle inchieste della magistratura.

Il sistema di finanziamento illecito dei partiti, basato sul regolare taglieggio di ogni attività produttiva, è insostenibile. A maggior ragione ora che il Muro di Berlino è crollato, l'Unione Sovietica si è dissolta, il Partito comunista italiano – fortemente ridimensionato – ha cambiato nome, gli Stati Uniti non hanno più alcun interesse a sostenere la vecchia classe politica italiana, e guardano con aperta simpatia all'iniziativa dei magistrati.

**Craxi tenta di resistere, ma ormai le dimissioni dalla segreteria del Psi sono inevitabili. È l'11 febbraio 1993, un giovedì. Dal Midas sono passati quasi diciassette anni. Al suo posto andranno due sindacalisti: prima Giorgio Benvenuto, poi Ottaviano Del Turco. Nessuno dei due riuscirà a evitare la morte del Psi, il più antico partito italiano.**
**«Repubblica» esce con un titolo scritto di proprio pugno dal direttore Scalfari: *Addio, Ghino di Tacco*.**

L'uomo su cui puntano un po' tutti coloro che intendono sovvertire il vecchio ordine è proprio Antonio Di Pietro. Un ottimo investigatore, capace di usare sia le nuove risorse della tecnologia, sia le ruvide tattiche di interrogatorio: chi non parla, chi non fa i nomi, finisce dentro.

«Contro Di Pietro Bettino ha un poker d'assi» dice Rino Formica uscendo da una riunione dei vertici del Psi. Di Pietro ha indagato i socialisti milanesi perché li conosce bene. Ha contornato quel mondo, ne è stato in qualche modo contaminato; e Craxi lo sa. Ma Di Pietro sa anche dei soldi che arrivano nell'ufficio di Craxi in piazza Duomo.

Il 15 dicembre 1992 Craxi riceve il primo avviso di garanzia. Sarebbe uno strumento appunto di garanzia per l'indagato; ma in quei mesi diventa una condanna alla morte politica.

**Roma, aprile 1993. Bettino Craxi in aula a Montecitorio nel giorno delle votazioni sull'autorizzazione a procedere. (Antonio Scattolon/A3/Contrasto)** ***Nella pagina seguente:*** **1993, in aula a Roma durante il processo. (Antonio Scattolon/A3/Contrasto)**

LA LEGGE
È
UGUALE PER TUTTI

«Cuore», il settimanale che già aveva pubblicato la foto di Craxi dietro le sbarre con la scritta *Pensiero stupendo*, stavolta si inventa un grande fotomontaggio in cui Craxi è raffigurato come un idolo del rock, con il titolo: *Per i giovani è già un mito*. Come se fosse prematuramente morto, tipo Jim Morrison.

Craxi tenta di resistere, ma ormai le dimissioni dalla segreteria del Psi sono inevitabili. È l'11 febbraio 1993, un giovedì. Dal Midas sono passati quasi diciassette anni. Al suo posto andranno due sindacalisti: prima Giorgio Benvenuto, poi Ottaviano Del Turco. Nessuno dei due riuscirà a evitare la morte del Psi, il più antico partito italiano.

«Repubblica» esce con un titolo scritto di proprio pugno dal direttore Scalfari: *Addio, Ghino di Tacco*.

Il 29 aprile 1993 la Camera dei deputati, con votazione segreta, nega quattro richieste di autorizzazione a procedere contro Craxi per accuse di corruzione e ricettazione. I reduci della Prima Repubblica fanno quadrato; e qualcuno sospetta che il rampante capo della Lega Nord, Umberto Bossi, abbia ordinato ai suoi di votare a favore di Craxi, nella logica del «tanto peggio tanto meglio», per aizzare la rabbia popolare. Che non si fa attendere. Il Pds di Achille Occhetto e Massimo D'Alema esce dalla maggioranza che sostiene il governo Ciampi, e convoca per il giorno dopo, 30 aprile, una manifestazione di protesta in piazza Navona. Si sparge la voce che Craxi è nel suo albergo, il Raphaël, che è proprio lì dietro. I militanti non hanno che da spostarsi di pochi metri. Ci sono anche attivisti missini.

In hotel ci sono molti amici di Craxi, venuti a congratularsi con lui per quello che appare uno scampato pericolo. C'è il capo dei giovani socialisti, Luca Josi. C'è un giovane giornalista, Filippo Facci, che su quel 30 aprile scriverà un libro. L'inviato del «Corriere» è Francesco Merlo, che dirà: «Non fu il popolo a oltraggiare il gigante caduto. Erano i portaborse di molti parlamentari di estrema sinistra e di estrema destra». Passa pure Silvio Berlusconi. Un po'

**Roma, 30 aprile 1993. All'uscita dall'hotel Raphaël.**
**(Antonio Scattolon/A3/Contrasto)**

per la ritrovata fiducia, un po' per orgoglio, Craxi commette un errore. La scorta gli consiglia di uscire sul retro. Ma lui non se ne cura: che non si dica che ha timore di affrontare la folla. È accolto da una pioggia di monetine. I contestatori sventolano banconote da mille lire e gli gridano, al ritmo di un coro da stadio, sulle note di *Guantanamera*: «Vuoi pure queste, Bettino, vuoi pure queste?!». Le telecamere riprendono. La fuga delle auto di scorta è precipitosa, a sirene spiegate, con i poliziotti che trattengono i manifestanti. L'umiliazione è plateale. La figura di Craxi non si riprenderà più.

Craxi sarà condannato due volte in via definitiva: cinque anni e sei mesi per le tangenti Eni-Sai; quattro anni e sei mesi per le tangenti sulla Metropolitana Milanese. Altri quattro processi sono stati interrotti dalla sua morte. I suoi sostenitori sostengono che le condanne siano arrivate al termine di processi politici, condotti a ritmo insolitamente spedito, per giungere a una sentenza già scritta.

In realtà, la vicenda giudiziaria di Bettino Craxi non è un giallo. Non dico che non sia importante. Dico che non è un giallo.

La colpevolezza di Craxi non è in dubbio. Lui stesso si è alzato alla Camera a riconoscerla. Anche se dal suo punto di vista è stata più una rivendicazione che una confessione. «Così fan tutti», disse Craxi, invitando chi ne fosse ignaro e innocente ad alzarsi.

Nessuno – l'abbiamo già detto – si alzò.

**Un po' per la ritrovata fiducia, un po' per orgoglio, Craxi commette un errore. La scorta gli consiglia di uscire sul retro. Ma lui non se ne cura: che non si dica che ha timore di affrontare la folla. È accolto da una pioggia di monetine. I contestatori sventolano banconote da mille lire e gli gridano, al ritmo di un coro da stadio, sulle note di *Guantanamera*: «Vuoi pure queste, Bettino, vuoi pure queste?!». Le telecamere riprendono. La fuga delle auto di scorta è precipitosa, a sirene spiegate, con i poliziotti che trattengono i manifestanti. L'umiliazione è plateale. La figura di Craxi non si riprenderà più.**

**Roma, 1993. All'uscita dal Tribunale.**
**(Augusto Casasoli/A3/Contrasto)**

Certo, non funziona così. Non si può dire: tutti colpevoli, nessun colpevole. Ma non si può neppure negare che Craxi abbia pagato più degli altri, talora al posto degli altri.

Molti soldi erano finiti all'estero, e non tutti sono stati recuperati. Ho chiesto alla figlia Stefania dove fosse il tesoro di Craxi. Mi ha risposto che «non esisteva il tesoro di Craxi; esisteva il tesoro del Psi. Dopo la morte del tesoriere Balzamo, diedero a mio padre i conti intestati ai prestanome». Nomi noti: Silvano Larini, Maurizio Raggio. «Ma erano solo una parte delle riserve del partito.

**In realtà, la vicenda giudiziaria di Bettino Craxi non è un giallo. Non dico che non sia importante. Dico che non è un giallo. La colpevolezza di Craxi non è in dubbio. Lui stesso si è alzato alla Camera a riconoscerla. Anche se dal suo punto di vista è stata più una rivendicazione che una confessione. «Così fan tutti», disse Craxi, invitando chi ne fosse ignaro e innocente ad alzarsi. Nessuno si alzò. Certo, non funziona così. Non si può dire: tutti colpevoli, nessun colpevole. Ma non si può neppure negare che Craxi abbia pagato più degli altri, talora al posto degli altri.**

Milano, Aprile 1992. Craxi con Mauro Giallombardo.
(De Bellis/Ipa Agency)

Qualcuno se le è tenute. Altre saranno rimaste alle banche. Lui non mi ha lasciato nulla. A Milano abitava in affitto. A Roma in albergo.» Al Raphaël, di cui si diceva fosse suo. «Era di Spartaco Vannoni, il suo migliore amico. Pansa salì da Craxi a intervistarlo, e scrisse che stava in una stanzetta piena di giornali.»

Mi appassiona poco anche la questione se i finanziamenti illeciti servissero a Craxi per fare politica, o anche come arricchimento personale. Regalare di fatto alla sua favorita una tv privata è un modo per fare politica? Sarebbe generoso rispondere di sì. La sua spregiudicatezza l'ha indotto a esagerare, anche in questo senso. A dire il vero, però, penso che – con le eccezioni che confermano la regola – un po' tutti i politici abbiano soldi da parte. Alcuni si fanno comprare nell'ombra; altri alla luce del sole. Ho visto case di politici che mai avrebbero potuto acquistarle, neppure con le ricche indennità che si autoassegnano. Ad altri la casa l'hanno in parte pagata a loro insaputa.

MIlano, piazza del Duomo, 28 Aprile 1993. Manifestazione
contro la legge sull'immunità Parlamentare. (Tania/Contrasto)

F.L.M. UNITI
Milano e Provincia

Ogni volta che ho scritto contro i paradisi fiscali, sono stato attaccato da personaggi che hanno rivestito cariche pubbliche: ho pochi dubbi che siano stati comprati. Esiste un sistema finanziario, sempre più globale, che tiene a libro paga i politici e gli alti funzionari.

Questo ovviamente non assolve Craxi dalle sue responsabilità. Aiuta a capire quanto sia profondamente corrotto il nostro Paese. Un Paese che in fondo si disprezza: per questo non esige dai suoi rappresentanti il rispetto delle leggi. Abbiamo avuto un premier condannato in via definitiva per evasione fiscale. Ma per gli italiani evadere le tasse non è un reato; è un merito. (Poi ci si lamenta se non si trova la casa popolare, il posto all'asilo nido, il letto in ospedale; ma questo è un altro discorso.)

Il 17 dicembre 1993 Di Pietro interroga Craxi al processo sulla maxitangente Enimont: centocinquanta miliardi versati – secondo l'accusa – da Raul Gardini ai leader politici, al tempo della fusione – fallita – tra la sua Montedison e l'Eni, l'ente petrolifero in mano allo Stato e quindi ai partiti.

Quel mattino, Di Pietro ha torchiato il segretario della Dc, Arnaldo Forlani, che si trincera dietro ai «non so» e «non ricordo». Di quell'interrogatorio resta un'immagine – Forlani non si rese conto della bava che si era accumulata agli angoli della sua bocca – che fu letta come un simbolo di impotenza e di inadeguatezza.

Tutt'altra figura fece, quello stesso pomeriggio, Bettino Craxi. Con lui Di Pietro non fu duro, anzi, venne giudicato fin troppo accondiscendente. Il magistrato risponderà che non aveva alcun interesse a interrompere o a incalzare Craxi, il quale si stava incastrando da solo. Aveva anzi interesse a lasciarlo parlare.

In realtà, Craxi definì la maxitangente «una maxiballa». Però ripeté le dichiarazioni già rese alla Camera. In diretta tv, l'ex presidente del Consiglio ribadì: «Io sono sempre stato al corrente della

Milano, 17 dicembre 1993. Craxi interrogato da Antonio Di Pietro al processo Cusani - Enimont. (Olycom/ Lapresse)

natura non regolare dei finanziamenti ai partiti, e al mio partito. Ho cominciato a capirlo quando portavo i pantaloni alla zuava. In Italia il sistema di finanziamento ai partiti contiene delle irregolarità e delle illegalità, io credo, a partire dall'inizio della storia repubblicana. È un capitolo che possiamo anche definire oscuro della storia della democrazia repubblicana. Ma non lo vedeva solo chi non lo voleva vedere. Non ne era consapevole solo chi voleva girare la testa dall'altra parte. I bilanci dei partiti erano sistematicamente falsi. Tutti lo sapevano, ivi compresi quelli che dovevano esercitare funzioni di controllo».

Poi Craxi punta il dito sugli altri. «Il Partito comunista non è mai stato un partito povero. Aveva costruito in Italia la macchina burocratica più potente e organizzata dell'intero mondo occidentale, finanziata in gran parte da fonti illegali. Il Partito comunista aveva un rapporto intimo con il Kgb, una rete clandestina di ricetrasmittenti, un'organizzazione per stampare documenti falsi, italiani francesi svizzeri... Qualcuno può credere che il ravennate Gardini, il cui gruppo aveva grandi interessi in Emilia e in Unione Sovietica, non abbia mai dato un contributo al Partito comunista?»

**«Io sono sempre stato al corrente della natura non regolare dei finanziamenti ai partiti, e al mio partito. Ho cominciato a capirlo quando portavo i pantaloni alla zuava. In Italia il sistema di finanziamento ai partiti contiene delle irregolarità e delle illegalità, io credo, a partire dall'inizio della storia repubblicana. È un capitolo che possiamo anche definire oscuro della storia della democrazia repubblicana. Ma non lo vedeva solo chi non lo voleva vedere. Non ne era consapevole solo chi voleva girare la testa dall'altra parte. I bilanci dei partiti erano sistematicamente falsi. Tutti lo sapevano, ivi compresi quelli che dovevano esercitare funzioni di controllo».**

Craxi chiama a correi il presidente del Senato Giovanni Spadolini, per dieci anni segretario del Partito repubblicano. E il presidente della Camera Giorgio Napolitano, «per molti anni ministro degli Esteri del Partito comunista».

Di Pietro ribatte che molti imprenditori si sono dichiarati «concussi»: costretti a pagare tangenti per poter lavorare. Craxi risponde con un sorriso sarcastico, non esattamente simpatico, ma efficace: «Esistono in Italia grandi gruppi industriali, proprietari di giornali, proprietari di banche. Questi gruppi sono più potenti dei partiti. Qualcuno può pensare che siano spaventati dai partiti? Semmai sono i partiti a essere spaventati da loro. Forse che la Fiat non ha mai dato contributi elettorali a partiti e candidati?».

**17 dicembre 1993, Craxi durante la deposizione a Milano. (Fotogramma/Ipa Agency)**

In primo grado Craxi sarà condannato a quattro anni: la pena più grave tra i politici. Paolo Cirino Pomicino avrà in primo grado due anni e sei mesi, Forlani due anni e quattro mesi, Claudio Martelli un anno, il segretario del Partito liberale Renato Altissimo otto mesi, l'ex segretario del Partito repubblicano Giorgio La Malfa sei mesi. Condannato a otto mesi anche Umberto Bossi, per i duecento milioni di lire versati dal gruppo Ferruzzi al tesoriere della Lega Alessandro Patelli: una cifra che platealmente i militanti leghisti racimolano in una colletta organizzata davanti alle telecamere.

In secondo grado la condanna di Craxi a quattro anni viene confermata, ma la Cassazione stabilisce che il processo di Appello deve essere rifatto: l'ex premier viene condannato a tre anni il 1° ottobre 1999, ma il reato sarà dichiarato estinto, in pendenza di pronuncia della Cassazione, per la morte dell'imputato.

Il video dell'interrogatorio di Craxi è su YouTube. Trascrivo le prime tre reazioni social disponibili. Andrea Capozzo scrive: «La dialettica e la proprietà di linguaggio era ineccepibile. I discorsi politici dei tempi nostri sembrano invece discorsi da osteria». Un utente protetto da un nickname: «Non era un santo però... Uno spessore culturale a cui, purtroppo, ci siamo disabituati». E Ignazio Affanni: «All'epoca ricordo che mio padre lo criticava, tutti ci siamo (in parte giustamente) scagliati contro un sistema corrotto. Quello della Prima Repubblica. Ora dopo tanti anni, e un po' di prospettiva storica in più, ho capito che il peggior furto verso la società è l'incompetenza».

**1983. (Mondadori Portfolio/Alberto Roveri)**

# IL POTERE

## Le immagini

1. 14 giugno 1987. La famiglia Craxi all'uscita dal seggio. (Fondazione Craxi ETS)
2. Roma, anni Ottanta. Sandro Pertini, Leopoldo Elia, Francesco Cossiga e Bettino Craxi durante un ricevimento al Quirinale. (Mondadori Portfolio/Archivio Massimo Di Vita/Massimo Di Vita)
3. San Fratello, 14 novembre 1984. Il salone di un barbiere. (Mondadori Portfolio/ Adriano Alecchi)
4. Milano, 1983. Craxi stringe la mano a una sostenitrice durante la sua visita nel quartiere Gratosoglio. (Mondadori Portfolio/Alberto Roveri)
5. Tokyo, 5 Maggio 1986. Vertice Economico Mondiale. Da sinistra: Jacques Delors, Craxi, Ruud Lubbers, Helmut Kohl, Ronald Reagan, Yasuhiro Nakasone, François Mitterrand, Margaret Thatcher e Brian Mulroney. (Album/Oronoz/Mondadori Portfolio)
6. Pallazzo Chigi, anni Ottanta. L'avvocato Gianni Agnelli e il presidente del Consiglio Bettino Craxi. (Bridgeman Images/ Mondadori Portfolio)
7. San Fratello, 14 dicembre 1984 . I Craxi e la figlia Stefania. (Mondadori Portfolio/ Adriano Alecchi)
8. Rimini, 1987. Durante il 44° Congresso del Psi Craxi stringe la mano a Piersilvio Berlusconi. (Fondazione Craxi ETS)
9. Torino, 2 aprile 1978. Relazione finale di Craxi al 41° Congresso del Psi. (Fondazione Craxi ETS)
10. Rimini, 4 aprile 1982. Conferenza programmatica «Governare il cambiamento». (Fondazione Craxi ETS).
11. Roma 1987. Craxi sul podio tiene il suo discorso,  Alle spalle si riconoscono, fra gli altri, Nicola Mansi, Franco Bertellini e Claudio Martelli. (Fondazione Craxi ETS)
12. All'uscita del Senato con la copia dell'«Avanti!» del 23 giugno 1981 con i risultati positivi delle elezioni regionali siciliane. (Fondazione Craxi ETS)
13. Giampaolo Pansa, Eugenio Scalfari e Bettino Craxi nel maggio 1988 alla sede di «Repubblica» a Roma. (Fondazione Craxi ETS)

2.

3.

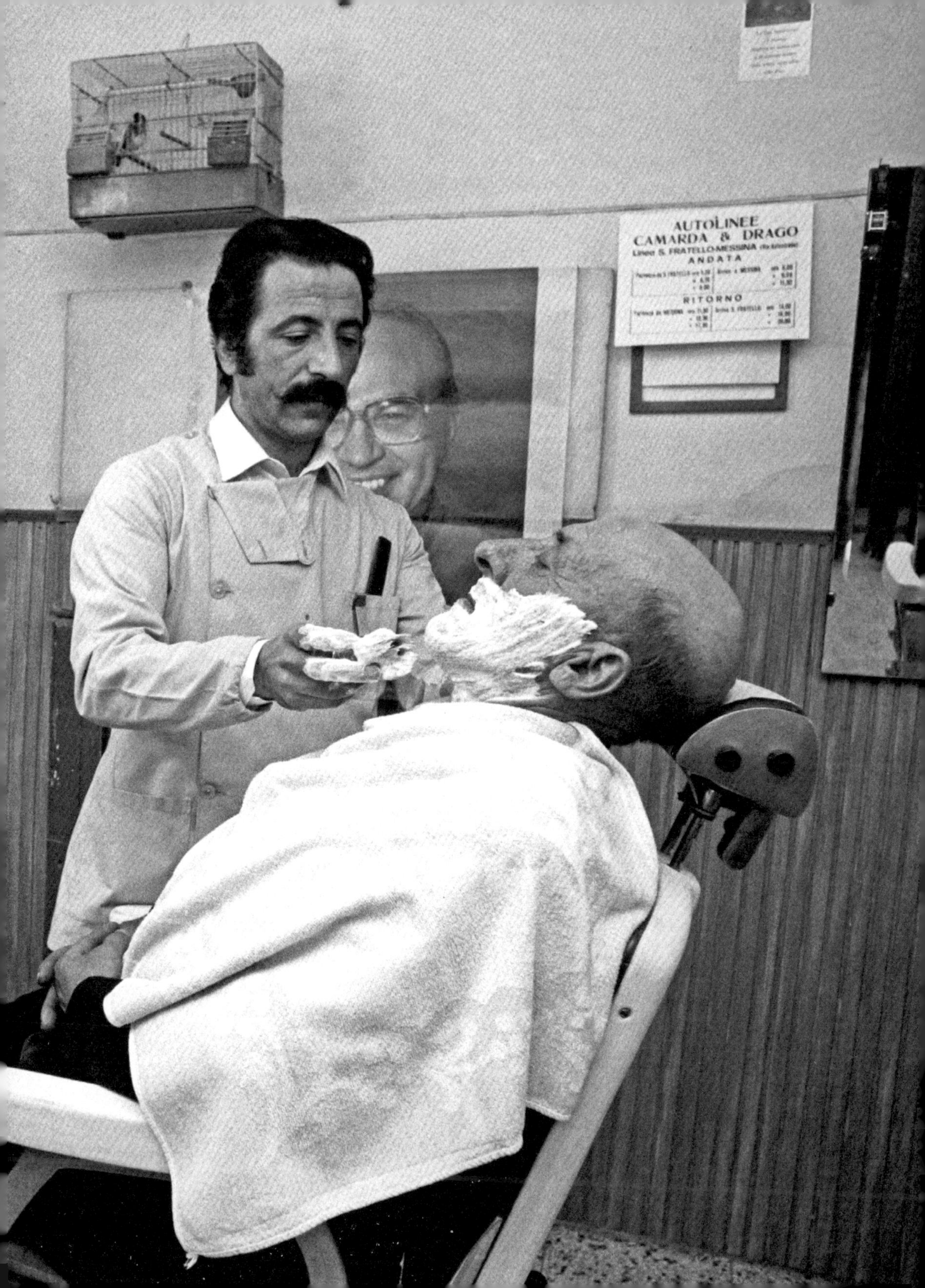
AUTOLINEE
CAMARDA & DRAGO
Linea S. FRATELLO-MESSINA
ANDATA
RITORNO

4.

5.

6.

7.

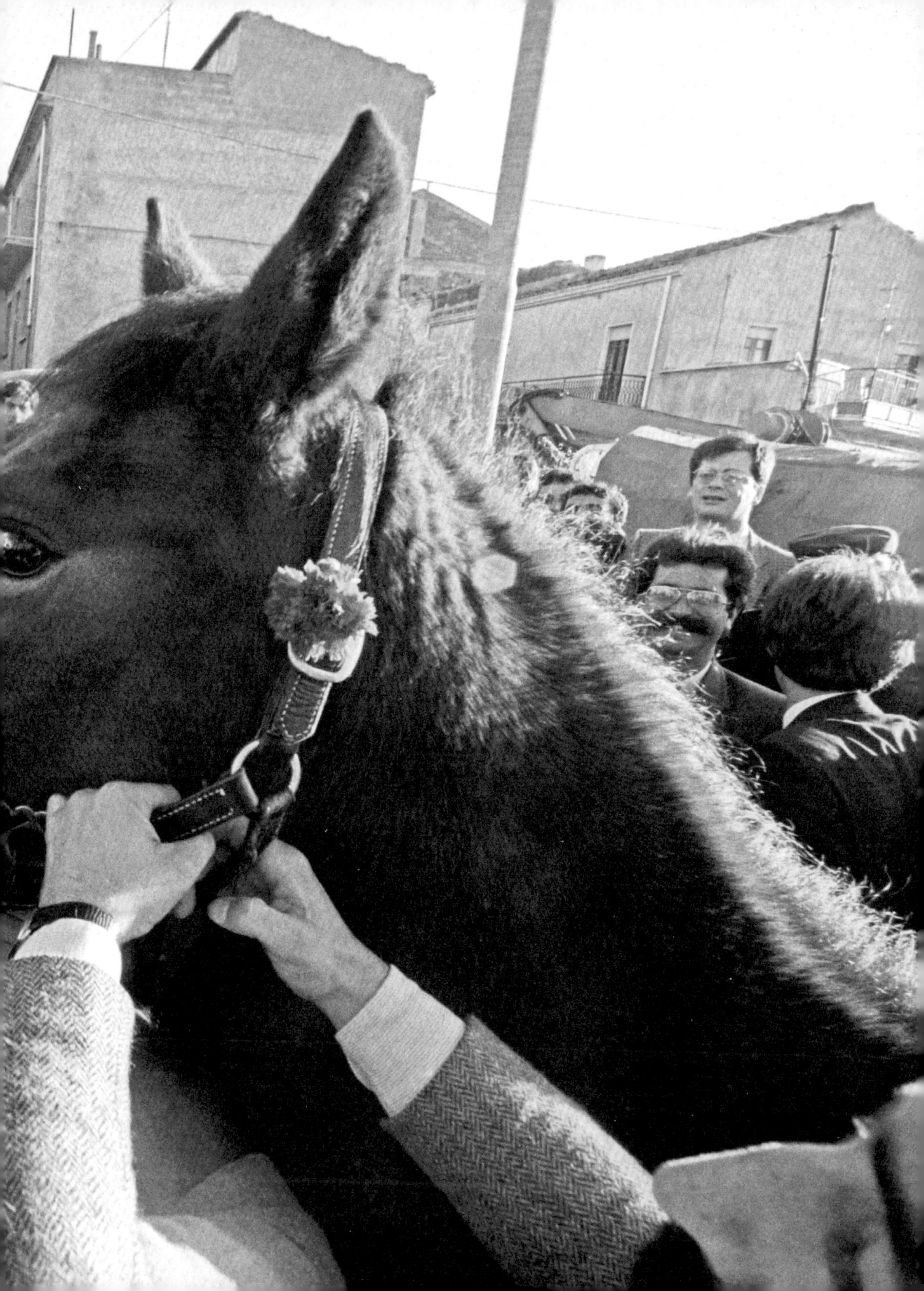

8.

9.

USCIRE
COSTRUIRE
PARTITO SOCIALISTA

10.

11.

Avanti!
QUOTIDIANO DEL PARTITO SOCIALISTA ITALIANO / SEZIONE DELL'INTERNAZIONALE SOCIALISTA
Il dato rilevante è il clamoroso successo del PSI, che progredisce ovunque
Una grande ava
Il voto indica nei so
la forza del rinnova
Il partito si rafforza in percentuali dal 25 al 100 per cento e il suo successo compensa, per la sinistra, le flessioni del PCI - A Bari, raggiunto il 23 per cento
Ecco le cifre del successo socialista

12.

o interno in
industria
nuncia della
mobile
entuali e seggi
zata
listi
nto
più si tenta
rci indietro,
amo avanti

13.

LE RICETTE NEOLIBERISTE
ETASSARE
CONTRO LE RICETTE
É MORTO
CRAXI
ORA PUÒ TORNARE
IN ITALIA
Il cordoglio dei
SOCIALISTI DEMOCRATICI ITALIANI
SOCIALISTI DEMOCRATICI ITALIANI
FEDERAZIONE REGIONALE LAZIO
www.frontenazionale.org
Via Tarantò, 132

# LA FINE

UN GRANDE
SOCIALISTA
UN GRANDE
ITALIANO
UN GRANDE
SOCIALISTA
UN GRANDE
ITALIANO
UN GRANDE
SOCIALISTA
UN GRANDE
ITALIANO

4

# LA FINE

La notizia arrivò a metà pomeriggio, il 19 gennaio 2000, un mercoledì: «Craxi è morto. Il cuore ha ceduto all'improvviso. L'ha trovato la figlia».

Era ancora un tempo in cui si considerava importante andare sul posto. «Repubblica» organizzò per i suoi inviati un volo privato. Io presi all'ultimo momento l'aereo di linea da Roma per Tunisi. Chiamai Stefania, mi feci raccontare quel che era accaduto: l'ultimo pranzo insieme, lei che propone al padre di cenare al ristorante, lui che va a riposare, l'edema polmonare che arriva all'improvviso e lo soffoca, l'ultimo singulto, il dolore il pianto la rabbia: «Me l'hanno assassinato». Ma non osai tenerla a lungo al telefono, non mi pareva opportuno. Non capii che Stefania aveva voglia di sfogarsi. Daniele Mastrogiacomo raccolse così il racconto dettagliato della morte di Craxi, e scrisse un articolo migliore del mio. Il direttore me lo fece notare, e con ragione.

Il funerale fu uno psicodramma. La bara era troppo piccola per un corpo così grande, fecero fatica a sistemarlo, Craxi sembrava davvero schiacciato, a disagio, sul volto una smorfia che pareva di dolore. Chi entrava nella camera ardente ne usciva turbato,

*Nella pagina precedente:* Roma, 20 gennaio 2000. (Gabriel Bouys/AFP via Getty Images)
*Qui sopra:* Tunisi, 22 gennaio 2000. La bara di Craxi viene trasportata all'interno della cattedrale. (Olycom/Lapresse)

Margherita Boniver appariva sconvolta. Lo portarono nella cattedrale di Tunisi su un furgone Ford Transit, come se fosse stato un grosso pacco da consegnare.

In chiesa l'atmosfera ribolliva. La rabbia si toccava con mano. Quando l'arcivescovo Fouad Twal citò il Vangelo – «beati i perseguitati a causa della giustizia» –, la folla socialista, poco avvezza alle Sacre Scritture, pensò che fosse un attacco alla magistratura italiana, ed esplose in un applauso dolente, quasi isterico. Dal pulpito Bobo Craxi ringraziò «Sua Eccellenza il presidente Ben Ali», scatenando un'altra ovazione. Berlusconi disse che almeno i canti in arabo si potevano risparmiare: «Il funerale di Craxi andava fatto in Italia».

**Il funerale fu uno psicodramma. La bara era troppo piccola per un corpo così grande, fecero fatica a sistemarlo, Craxi sembrava davvero schiacciato, a disagio, sul volto una smorfia che pareva di dolore. Chi entrava nella camera ardente ne usciva turbato, Margherita Boniver appariva sconvolta. Lo portarono nella cattedrale di Tunisi su un furgone Ford Transit, come se fosse stato un grosso pacco da consegnare. In chiesa l'atmosfera ribolliva. La rabbia si toccava con mano. Quando l'arcivescovo Fouad Twal citò il Vangelo – «beati i perseguitati a causa della giustizia» –, la folla socialista, poco avvezza alle Sacre Scritture, pensò che fosse un attacco alla magistratura italiana, ed esplose in un applauso dolente, quasi isterico.**

D'Alema in effetti aveva offerto il funerale di Stato; ma la famiglia aveva rifiutato, anche se avrebbe creato un discreto imbarazzo al governo. A rappresentarlo in Tunisia furono designati il ministro degli Esteri, Lamberto Dini, vecchio andreottiano, e il sottosegretario alla presidenza del Consiglio, Marco Minniti, ex comunista. Entrarono in chiesa di soppiatto, a messa iniziata, li ricordo nella penombra della navata laterale destra, ma furono riconosciuti subito, guardati in cagnesco, e all'uscita anche fischiati, insultati, bersagliati di monetine, temo pure di sputi. Entrambi però diedero prova di coraggio. Visti anche cartelli «D'Alema boia». Molto applaudito Vittorio Sgarbi, grande nemico dei giudici.

Tra le colonne della cattedrale, i reduci della diaspora socialista si guardavano in cagnesco. Da una parte quelli entrati nell'orbita del centrosinistra, quindi del governo: Enrico Boselli, Ottaviano Del Turco, Roberto Villetti, lo stesso Ugo Intini. Dall'altra gli irriducibili, che dalla Seconda Repubblica erano rimasti tagliati fuori: Paris Dell'Unto, che parlava in romanesco ed era molto simpatico, Salvo Andò, un catanese riservatissimo che era stato ministro della Difesa, il napoletano gaudente Giulio Di Donato. Giusi La Ganga, calabrese di Torino, mormorò ai cronisti: «Mi raccomando, Giusi con la i, non con la y, se no sembro una parrucchiera». Giuliano Amato prudentemente non si era fatto vedere. Dirà poi, in un'intervista a Francesco Merlo: «Bettino e io siamo rimasti soli l'uno dell'altro».

Non tutti in quella chiesa erano volti noti. C'erano gli indagati di Mani pulite, Mauro Giallombardo e Renato Squillante, e i giornalisti amici di Craxi: Paolo Liguori, Francesco Damato, Davide Mengacci. Ma c'erano anche amministratori della Metropolitana Milanese, sindaci di provincia, dirigenti locali del partito, e ovviamente la giunta di Aulla al completo, con fascia tricolore e gonfalone listato a lutto. Per loro Craxi era stato il capo e il simbolo stesso della vittoria, del potere, per taluno della militanza disinteressata, per altri dell'arricchimento personale. E se a ogni funerale ognuno

Stefania Craxi stringe a sé la figlia Vittoria durante il funerale del padre. Alle spalle Bobo Craxi. (Olycom/Lapresse)

La nipote di Craxi, Vittoria, durante il funerale.
(Olycom/Lapresse)

piange anche la propria morte, a Tunisi questo fu particolarmente vero: capi e capetti socialisti piangevano anche la propria caduta, e il presagio della propria fine.

Craxi fu sepolto nel cimitero cristiano di Hammamet, proprio dove Gianni Pennacchi e io andavamo a passeggiare la sera. La fossa era stata scavata nottetempo, tra la lapide di Charles Rojoux (1862-1947) e di Louise David (1901-1961). Era un luogo affascinante, ma troppo piccolo per tutta quella folla. Quando fu calata la bara, i fotografi si sporsero per riprenderla, uno di loro perse l'equilibrio, cadde nella fossa, i colleghi lo tirarono su a braccia. Sulla tomba fu posto un libro di marmo aperto, con una sua frase: «La mia libertà equivale alla mia vita». I nipoti salutarono il nonno, Anita appoggiò la guancia sulla bara, Benedetto gettò un pugno di sabbia nella buca. Quando lo vide, Berlusconi scoppiò a piangere disperato. Stefania e Claudio Martelli si abbracciarono e si riconciliarono, lui disse: «Bettino è stato vittima di un sacrificio umano». Francesco Cossiga porse il braccio ad Anna Craxi, che si raccomandò: «Mettetelo con la testa verso il mare, in direzione dell'Italia».

**Quando fu calata la bara, i fotografi si sporsero per riprenderla, uno di loro perse l'equilibrio, cadde nella fossa, i colleghi lo tirarono su a braccia. Sulla tomba fu posto un libro di marmo aperto, con una sua frase: «La mia libertà equivale alla mia vita». I nipoti salutarono il nonno, Anita appoggiò la guancia sulla bara, Benedetto gettò un pugno di sabbia nella buca. Quando lo vide, Berlusconi scoppiò a piangere disperato. Stefania e Claudio Martelli si abbracciarono e si riconciliarono, lui disse: «Bettino è stato vittima di un sacrificio umano». Francesco Cossiga porse il braccio ad Anna Craxi, che si raccomandò: «Mettetelo con la testa verso il mare, in direzione dell'Italia».**

La sera riuscii finalmente a entrare nella casa di Hammamet. Stefania mi portò polemicamente a vedere tutti i rubinetti dei vari bagni, per farmi constatare che molti perdevano e che nessuno era d'oro, cosa che sinceramente non avevo mai scritto (ma altri sì). Mi fece notare pure che non c'era traccia della fontana di piazza Castello a Milano, che secondo il comico Paolo Rossi era finita giustappunto ad Hammamet; ma quella era palesemente una battuta. Tra le foto con Reagan e re Hussein, Thatcher e la regina Elisabetta, le vignette di Forattini che lo disegnava in camicia nera e stivaloni, Craxi teneva il busto di Garibaldi e pure quello di Mussolini. Oggi ne sarebbe nato uno scandalo, ma all'epoca nessuno ci fece caso.

**22 gennaio 2000, cimitero cristiano di Hammamet.**
**Il momento della sepoltura. (Olycom/Lapresse)**

In tv davano una puntata di *Porta a Porta* ovviamente dedicata al funerale, che fu seguita in un clima di tifoseria, in un'alternanza di riso e di pianto. Andarono in onda le interviste ai figli, e Anna Craxi si complimentò: «Vostro padre vi ha allevati davvero bene. Oggi in chiesa, adesso in tv, siete stati splendidi».

Ero seduto vicino a Pasquale Squitieri, che mi accolse con simpatia: «Lei è piemontese? Io odio il Piemonte» (aveva appena girato *Li chiamarono... briganti!*, un film in cui presentava i borbonici come eroi e i bersaglieri come massacratori). Sui divani di casa c'erano anche i volti storici di Rai 2, Alda D'Eusanio e Onofrio Pirrotta.

Il giorno dopo, Bobo invitò tutti al «pranzo del consolo», al ristorante La Scala, che era chiuso da due giorni per lutto: il padrone, Hedi, considerava «Monsieur le Président» il suo migliore amico. C'era anche un bambino in lacrime, Zahar, cui Craxi aveva fatto mettere i denti nuovi. Il tavolo d'angolo in fondo a destra, quello preferito da Bettino, era stato trasformato in un altare, con un suo grande ritratto, e non sarebbe mai stato più assegnato a nessuno. Bobo disse: «Papà ha fatto in modo di allontanarci, per morire quasi da solo. Io ero a Roma. Mamma, che non si muoveva mai da Hammamet, era andata a Parigi per i suoi controlli. Persino Nicola Mansi era in Italia. È morto solo, come aveva vissuto in questi sette anni. Politici, amici: l'avevano abbandonato quasi tutti». «Anche Berlusconi?» «Sì.»

Poi si tornò al cimitero. Lì parlai con Antonio Craxi, il fratello, che mi raccontò l'incontro tra Sai Baba e Bettino, nel 1987, quando stava per lasciare Palazzo Chigi. Eppure, assicurava Antonio, Sai Baba aveva profetato: «Avrai un'altra occasione, perché l'unico che può salvare l'Italia sei tu». Feci notare ad Antonio che

***Nella pagina precedente:*** **Silvio Berlusconi a Tunisi, nella Cattedrale di San Vincenzo de' Paoli.**
**(Umberto Cicconi/Getty Images)**
**Francesco Cossiga ai funerali di Craxi. (Olycom/Lapresse)**

Sai Baba si era sbagliato clamorosamente, ma lui replicò: «Il mio maestro guarda oltre questa vita, verso quelle future. Bettino tornerà in Italia, a finire il suo lavoro».

> **Chiesi ad Anna se nel dolore di questi anni avesse ritrovato suo marito. Mi rispose: «Ma io non l'avevo mai perduto. Anche quando vivevo a Milano e lui a Roma, abbiamo sempre saputo ritrovarci uniti, quand'era il momento. E poi, guardi, tutti parlano del suo caratteraccio. Ma io non me ne sono mai accorta. Con me, lui è sempre stato dolcissimo».**

Lì per lì mi venne un po' da ridere. Poi pensai che la profezia della reincarnazione di Craxi poteva suonare come una promessa, o come una minaccia.

Feci un'ultima intervista alla moglie. Disse che Bettino non sarebbe tornato in Italia neanche da morto: «Riposerà per sempre qui, in Tunisia. Non nella terra che l'ha scacciato, ma in quella che l'ha accolto. Tra noi c'era un patto tacito, stipulato più di trent'anni fa. Quando abbiamo visto questo piccolo cimitero in riva al mare, ci siamo detti: un giorno riposeremo insieme, qui. A Bettino piacque molto: le lapidi bianche, il vento, le onde, gli alberi... Anch'io resterò in Tunisia, e mi farò seppellire al suo fianco».

Chiesi ad Anna se nel dolore di questi anni avesse ritrovato suo marito. Mi rispose: «Ma io non l'avevo mai perduto. Anche quando vivevo a Milano e lui a Roma, abbiamo sempre saputo ritrovarci uniti, quand'era il momento. E poi, guardi, tutti parlano del suo caratteraccio. Ma io non me ne sono mai accorta. Con me, lui è sempre stato dolcissimo».

Bettino Craxi in effetti è rimasto nel cimitero cristiano, tra le mura della medina e la spiaggia. È un luogo di morte, ma non è un posto triste. Molti italiani vanno a visitarlo, scrivono una dedica sul libro dei visitatori. Tanti sono di destra. Un paradosso, per il primo socialista a diventare capo del governo.

Eugenio Scalfari, l'abbiamo detto, detestava Craxi e lo combatté sino alla fine. Mi ha raccontato Paolo Guzzanti che un giorno in riunione il capo del servizio economico raccontò un progetto di Craxi, allora presidente del Consiglio: la «lira pesante». Introdurre una nuova lira che valesse come mille delle vecchie lire. Più o meno quello che si sarebbe fatto, con valori diversi, quando nacque l'euro. Scalfari commentò, con quella teatralità che trasformava le riunioni di «Repubblica» in una sorta di messa cantata e officiata ovviamente dal sommo sacerdote, lui: «È una grande idea. Ma è una sua idea. Quindi noi la avverseremo».

Eppure Scalfari in morte di Craxi scrisse: «L'uomo ha avuto la grandezza della fine».

Un ritratto di Craxi non può che essere in chiaroscuro. L'uomo ha avuto intuizioni e meriti, ha commesso errori e reati. Certo ha confermato in morte quel coraggio che aveva dimostrato nel cimitero cileno – «un paso más y tiro» – dov'era andato a deporre fiori sulla tomba di Allende.

Nel titolo di questo libro Craxi è definito «l'ultimo vero politico» perché la Prima Repubblica non muore con Moro; muore con lui. Questo nulla toglie alla drammaticità del rapimento e dell'assassinio del presidente della Dc. Ma nel 1978 finisce il compromesso storico, non il potere democristiano. Dopo la morte di Moro, altri sei democristiani diventeranno presidenti del Consiglio, compreso

La tomba di Craxi ad Hammamet. (Olycom/Lapresse)

ALLA MIA
VITA

quel Francesco Cossiga che al ritrovamento del corpo martoriato di Moro si era dimesso da ministro degli Interni.

La Prima Repubblica era la Repubblica dei partiti. Non ne ho nostalgia. Gli italiani non potevano eleggere direttamente il sindaco della loro città o il presidente della loro regione. Mettevano una croce su un simbolo di partito: i leader poi se la vedevano tra di loro. Gli elettori distribuivano le carte; ma la partita la giocavano i segretari di partito.

Va detto però che al tempo di Craxi – e di Andreotti, e di Berlinguer – votava il 90 per cento degli aventi diritto. Alle elezioni politiche del 2022 si è scesi sotto il 64. Alle europee del 2024 e alle successive elezioni regionali non si è arrivati al 50 per cento. E, dopo la stagione della legge elettorale che portava il nome dell'attuale capo dello Stato Sergio Mattarella – una legge che aveva dato sempre maggioranze certe –, siamo entrati in un'epoca di leggi elettorali pasticciate e di liste bloccate, che non consentono ai cittadini di scegliere i loro rappresentanti e delegano la composizione del Parlamento ancora ai capipartito. Il cui livello non è neppure lontanamente paragonabile a quello dei leader della Prima Repubblica.

Farlo notare non significa negare le responsabilità di quei leader, Craxi compreso, nella degenerazione del sistema e nel dilagare della corruzione. Ma è difficile pensare che dopo di lui sia venuto un altro vero politico. Non lo era Carlo Azeglio Ciampi, arrivato a Palazzo Chigi prima e al Quirinale poi dalla Banca d'Italia, senza mai sottoporsi al giudizio degli elettori. Non lo era Silvio Berlusconi, imprenditore che ha sempre avuto come bussola i propri interessi privati. Non lo era Romano Prodi, che quando ha tentato di ergersi a leader politico è stato brutalmente fatto fuori, e per due volte, dai suoi stessi compagni di strada.

Dopo Berlusconi e Prodi, sono emersi nella politica italiana solo due veri leader. Uno, Matteo Renzi, si è autodistrutto. Vedremo ora quanto durerà Giorgia Meloni. In ogni caso, lo scadimento

Roma, 31 maggio 1979. In piazza Navona per le elezioni politiche ed europee. (Fondazione Craxi ETS)

è sotto gli occhi di tutti. E con l'aggravarsi del divario tra la politica e i cittadini, accelera anche il declino economico e demografico del Paese. L'Italia si impoverisce. Perde importanza a livello europeo e mondiale. Gli italiani fanno la metà dei figli che i loro nonni fecero nell'anno di Caporetto e i loro padri nell'anno dell'8 settembre, perché non hanno più fiducia in se stessi, nel futuro, nel Paese.

Gli italiani non credono nella politica perché non credono nello Stato. Governati per secoli dagli stranieri, da sovrani assoluti, pensano lo Stato come altro da sé, come un potere irresponsabile da cui guardarsi, da cui non può venire nulla di buono: così il palazzo di giustizia nel linguaggio popolare diventa il Palazzaccio, il poliziotto lo sbirro, l'agente del fisco l'esattore, se non lo sceriffo di Nottingham, e l'evasore un eroe popolare.

Gli italiani non riescono a concepire che una persona possa fare qualcosa nell'interesse di qualcuno che non sia se stesso o un suo familiare. A Catania chiedono: «Pe' mia chi c'è?». A Verona dicono: «A me che mi vien?». Il concetto è lo stesso: e io cosa ci guadagno? Un politico che dicesse «non chiederti cosa il tuo Paese può fare per te, chiediti cosa tu puoi fare per il tuo Paese» verrebbe inseguito con i forconi.

Soprattutto, gli italiani non hanno un rapporto maturo con il potere. Il leader non viene sostenuto o criticato; viene blandito o abbattuto. Pensate a quanti leader – diversissimi tra loro, in contesti dissimili e quindi non paragonabili – hanno fatto una brutta fine. Benito Mussolini appeso a testa in giù. Enrico Mattei, che nel dopoguerra era l'uomo più potente d'Italia, esploso in volo sul suo aereo. Aldo Moro chiuso nel bagagliaio della Renault rossa. Giulio Andreotti sotto processo per mafia. Bettino Craxi sepolto sotto le mura della medina di Hammamet.

Anche per questo non siamo un Paese da operetta, ma da tragedia. Ci pensiamo tolleranti, e spesso lo siamo anche troppo; ma a volte diventiamo feroci.

**Roma, 1990. (Mondadori Portfolio/Massimo Di Vita)**
***Nella pagina seguente:* Roma, 1984. (Fondazione Craxi ETS)**

# CRONOLOGIA ESSENZIALE

**1934**

*24 febbraio* Nasce a Milano il primo figlio di Vittorio Craxi, avvocato messinese emigrato al Nord nel 1932, e Maria Ferrari, nata a Sant'Angelo Lodigiano in una famiglia di agricoltori e commercianti. Viene battezzato Benedetto (come il nonno paterno, morto per le ferite riportate nel terremoto di Messina del 1908), ma verrà sempre chiamato Bettino (il diminutivo usato nell'Ottocento). Nel 1936 nasce il fratello Antonio e nel 1940 la sorella Rosilde.

**1940**

In seconda elementare, Bettino, «discolo» e con «l'argento vivo» addosso, finisce al collegio arcivescovile De Amicis di Cantù. Ci rimane fino al 1943. Intanto lo studio professionale del padre in via Chiossetto viene distrutto in un bombardamento e il nuovo, in via Podgora, diventa un ritrovo di antifascisti socialisti.

**1943**

*Luglio* La famiglia Craxi trascorre l'estate lontano da Milano, in Val d'Intelvi. Dopo la caduta di Mussolini, il 25, Bettino e il fratellino Antonio tirano sassate contro le finestre della Casa del fascio di Casasco. Vengono individuati e ammoniti dal podestà, il macellaio del paese. (Dopo la Liberazione, il nuovo sindaco ritrova il verbale e, ignorando le motivazioni del gesto, chiede il pagamento dei danni a Vittorio Craxi, divenuto prefetto di Como, che s'infuria.)

*Agosto* Una bomba alleata distrugge l'appartamento di viale Regina Margherita a Milano, e la famiglia Craxi si ferma nella casa di Casasco, che dopo l'8 settembre diventa un punto di assistenza per tutti coloro (militari che rifiutano di combattere per la Repubblica di Salò, famiglie ebree) che tentano di fuggire in Svizzera. Anche Bettino, con l'amico Adalgiso, aiuta un militare ad attraversare il confine guidandolo tra i boschi e un canalone per sfuggire alla sorveglianza della milizia fascista e dei soldati tedeschi.

**1945**

Dopo il 25 aprile, Vittorio Craxi, che in quanto membro dell'esecutivo lombardo del Partito socialista aveva trascorso molti mesi in clandestinità, può riabbracciare a Casasco la sua famiglia e riportarla a Milano, dove diventa viceprefetto. In seguito viene nominato prefetto di Como, e abiterà in prefettura con la famiglia. Bettino torna in collegio, prima al Gallio di Como e poi di nuovo al De Amicis di Cantù, dove sviluppa una «passione mistica» e pensa di entrare in seminario.

**1948**

Vittorio Craxi è candidato socialista nelle liste del Fronte popolare alle elezioni del 18 aprile (non sarà eletto). Nel quattordicenne Bettino la passione mistica diventa passione politica: fa campagna elettorale attaccando manifesti e distribuendo volantini. Si iscrive al liceo classico, il Carducci di Milano. Il suo rendimento scolastico non è particolarmente brillante: se la cava fino alla quinta ginnasio, e durante gli anni di liceo viene promosso solo dopo gli esami di riparazione. Gioca a calcio, per un breve periodo pratica il rugby, fa parte della squadra di pallacanestro del Carducci e poi del Cus Milano (è alto un metro e ottantanove).

**1952**

Bettino prende la prima tessera del Partito socialista italiano, sezione di Lambrate. Dopo la maturità, seguendo la volontà della famiglia, si iscrive a Giurisprudenza presso la Statale di Milano. Fonda il Nucleo universitario socialista ed entra nel gruppo di sinistra Università nuova, aderente al Centro universitario democratico italiano (Cudi), l'organizzazione degli studenti comunisti e socialisti. Intanto continua l'attività in sezione e nella federazione provinciale del Psi, il cui segretario è Guido Mazzali.

**1955**

Lascia Giurisprudenza e si iscrive a Scienze politiche, prima a Perugia e poi a Urbino. L'impegno politico prevale sullo studio: Craxi uscirà dall'università senza laurearsi (riceverà in seguito quattro lauree *honoris causa*: nel 1983 dalla Brown University, nel 1987 dall'università di Urbino, nel 1989 dalla Catholic University e nel 1990 dalla Temple University di Philadelphia).

**1956**

*Agosto* Delegato del Cudi, va a Praga al congresso dell'Unione internazionale degli studenti (Uis), dove stringe amicizia con il presidente, il cecoslovacco Jiři Pelikán (che per volontà di Craxi nel 1979 e nel 1984 sarà candidato nelle liste socialiste ed eletto al Parlamento europeo), e con un funzionario comunista, Carlo Ripa di Meana, e comincia ad avere dubbi sulla «nuova società» del socialismo reale nel blocco comunista.

*Ottobre-novembre* La Rivoluzione ungherese e l'invasione sovietica segnano il definitivo distacco dalla politica frontista di alleanza con il Partito comunista. Craxi con il gruppo milanese comincia una battaglia per l'«autonomia» socialista rispetto al Pci e chiede l'uscita del Movimento giovanile socialista dalla Federazione mondiale della gioventù democratica, ma viene messo in minoranza. Si presenta alle elezioni amministrative del paese d'origine della madre, Sant'Angelo Lodigiano, e viene eletto consigliere comunale.

*Dicembre* Craxi ha aderito all'Unione goliardica italiana (Ugi), l'associazione laica degli universitari animata in origine da personalità come Marco Pannella e Lino Jannuzzi, e nel congresso di Perugia entra nel consiglio nazionale e diventa uno dei sette «principi della goliardia». Al congresso provinciale del Psi, gli «autonomisti» conquistano la maggioranza nella federazione di Milano.

**1957**

*Febbraio* Al XXXII Congresso del Psi, a Venezia, Craxi entra nel Comitato centrale, eletto nel gruppo di minoranza autonomista (28 rappresentanti su 80) guidata dal leader storico Pietro Nenni.

**1958**

Divenuto vicepresidente dell'Unione nazionale universitaria rappresentativa italiana (Unuri), Craxi promuove una collaborazione di centrosinistra tra gli studenti cattolici dell'Intesa e i laici dell'Ugi e conduce un'intensa attività interna e internazionale che lo porta in Cina, in Perù, nel Nord Africa, a Londra, a Parigi per molti congressi internazionali studenteschi.

**1959**

Sposa Anna Maria Moncini, figlia di un ferroviere socialista e conosciuta negli anni dell'università. Dal matrimonio nascono il 25 ottobre 1960 Stefania e il 6 agosto 1964 Vittorio detto Bobo.

**1960**

Un'alleanza tra comunisti, radicali e socialisti di sinistra lo mette in minoranza sia nell'Unuri sia nell'Ugi. Per volontà del segretario provinciale Mazzali, Craxi riceve un incarico nel Psi, come responsabile di zona dell'area di Sesto San Giovanni (la Stalingrado d'Italia) e dei grossi comuni vicini, la «zona rossa» teatro di dure lotte operaie. A novembre viene eletto consigliere comunale a Milano ed entra nella giunta come assessore, prima all'Economato e poi alla Beneficenza e assistenza.

**1963**

*Ottobre* Dopo il XVI Congresso provinciale, Craxi diventa vicesegretario della federazione di Milano.

*Dicembre* Con il primo governo Moro, il Psi va al governo grazie all'alleanza con la Democrazia cristiana, il Partito socialdemocratico e il Partito repubblicano: nasce il «centrosinistra organico».

**1965**

*Febbraio* Bettino Craxi diventa segretario della federazione provinciale di

Milano, e in seguito, con il XXXVI Congresso del partito tenutosi in novembre, entra nella direzione nazionale del Psi.

**1966**

*30 ottobre* Dopo i congressi straordinari del Partito socialista e di quello socialdemocratico, la Costituente socialista, riunita all'Eur, proclama la fusione dei due partiti nel Partito socialista unificato (Psu). Francesco De Martino e Mario Tanassi vengono eletti consegretari, mentre Pietro Nenni è acclamato all'unanimità presidente unico (il leader storico della socialdemocrazia italiana, Giuseppe Saragat, era diventato nel 1964 presidente della Repubblica). Le due componenti rimarranno insieme fino al 1969, quando i socialdemocratici decidono la scissione.

*Novembre* Craxi viene confermato segretario della federazione milanese del nuovo Psu, insieme al socialdemocratico Renzo Peruzzotti.

**1968**

*Maggio* Craxi, candidato alle elezioni per la Camera dei deputati nel collegio Milano-Pavia, risulta eletto con 23.778 preferenze, preceduto solo da Nenni con 53.843. Resterà alla Camera fino al 1994, e a Roma abiterà vicino a piazza Navona all'hotel Raphaël, gestito dall'amico Spartaco Vannoni, ex comunista uscito dal Pci dopo i fatti d'Ungheria.

**1970**

*Aprile* Il Comitato centrale socialista elegge Giacomo Mancini segretario del Psi; i tre vice, rappresentativi delle correnti del partito, sono Giovanni Mosca per la componente vicina all'ex segretario De Martino, Tristano Codignola per la sinistra e Bettino Craxi per gli autonomisti.

**1972**

*Novembre* Dopo il XXXIX Congresso, a Genova, Craxi e Mosca sono confermati vice del segretario De Martino.

**1976**

*18 giugno* Dopo aver registrato negli studi Rai di Milano l'appello in vista delle elezioni anticipate del 20-21 giugno, Craxi rischia di morire per un coma diabetico. In seguito nei momenti critici dovrà ricorrere a iniezioni di insulina.

*16 luglio* Il deludente risultato delle politiche, in cui il Psi ottiene alla Camera il 9,6 per cento mentre la Dc mantiene il 38,7 e il Pci sale al 34,4, provoca le dimissioni di De Martino. Il Comitato centrale del Psi, riunito all'Hotel Midas di Roma, elegge Craxi («un uomo dall'aspetto pacioso e bonario» e «di mentalità burocratica», come scrive a caldo il «Corriere d'Informazione») segretario del partito.

**1978**

*16 marzo* Il presidente della Dc Aldo Moro, diretto alla Camera per votare la fiducia al quarto governo Andreotti, un monocolore democristiano che avrebbe dovuto contare anche sull'appoggio esterno del Pci, viene rapito dalle Brigate rosse. Nell'agguato in via Fani restano uccisi i cinque uomini della scorta. In un comunicato, i brigatisti chiedono la liberazione dei loro compagni detenuti (in particolare i capi storici, a processo a Torino) in cambio della vita dell'ostaggio. Il governo, che nella drammatica emergenza aveva ricevuto 545 voti di fiducia (la più ampia maggioranza nella storia dell'Italia repubblicana), la Dc, il Pci, il Pri, il Psdi, il Pli, il Msi e i principali quotidiani sono contrari a qualunque cedimento (per non fornire alcuna legittimazione politica alle Br). Il Psi, i radicali, i gruppi alla sinistra del Pci, singole personalità all'interno dei partiti e alcuni intellettuali (come Leonardo Sciascia) spingono per qualche forma di trattativa volta a salvare la vita di Moro.

*29 marzo* Si apre a Torino il XLI Congresso del Psi. Per volontà di Craxi, il simbolo del partito (falce, martello, libro aperto e sole nascente) viene rimpicciolito e sovrastato da un grande garofano rosso, già parte della tradizione socialista e richiamo alla rivoluzione portoghese del 1974. A proposito del caso Moro, Craxi se la prende con i sostenitori della linea della fermezza, definendoli «falchi impagliati».

*1° aprile* Craxi cerca un canale con i rapitori di Moro e riceve all'hotel Raphaël Giannino Guiso, avvocato difensore dei capi delle Br nel processo di Torino.

*3 aprile* I segretari dei partiti che sostengono il governo incontrano a Palazzo Chigi il presidente Andreotti, che in un documento di nove cartelle sostiene che non si può trattare «con chi ha le mani grondanti di sangue». All'uscita dal colloquio, Craxi dichiara: «Dobbiamo esplorare tutte le possibilità per liberare il presidente della Dc. È un problema politico dalle conseguenze difficili da prevedersi».

*16 aprile* Il sesto comunicato delle Br afferma che l'interrogatorio è terminato, Moro è colpevole ed è stato condannato a morte.

*18 aprile* Il settimo comunicato delle Br annuncia «l'avvenuta esecuzione del presidente della Dc Aldo Moro mediante "suicidio"»; il suo corpo sarebbe sul fondo del Lago della Duchessa, sulle montagne tra Lazio e Abruzzo. In realtà si tratta di un falso: due giorni dopo il vero comunicato numero sette afferma che la vita di Moro può essere salvata «in relazione alla liberazione di prigionieri comunisti». Craxi allora intensifica gli sforzi e incarica il giurista Giuliano Vassalli di studiare precedenti nel diritto internazionale e di identificare detenuti che potrebbero essere rilasciati nel rispetto della legge. Dalla sua prigione, a fine mese Moro fa pervenire a Craxi una lettera in cui lo prega di dar vita «con la dovuta urgenza a una seria ed equilibrata trattativa per lo scambio di prigionieri politici».

*2 maggio* In una lunga riunione nella sede della Dc, Craxi tenta di convincere i democristiani ad aprire uno spiraglio. Nei giorni seguenti pare praticabile l'ipotesi della grazia per una brigatista malata in carcere, grazia che il presidente Giovanni Leone sarebbe disposto a firmare.

*9 maggio* Il cadavere di Aldo Moro viene ritrovato nel bagagliaio di una Renault 4 rossa in via Caetani, tra piazza del Gesù, sede della Dc, e via delle Botteghe oscure, sede del Pci.

*29 giugno* Cominciano le votazioni per l'elezione del presidente della Repubblica, dopo le dimissioni in diretta tv, il 15 giugno, di Leone, travolto da una durissima campagna politica e giornalistica legata al suo presunto coinvolgimento nello scandalo Lockheed.

*8 luglio* Le Camere riunite eleggono presidente, con 832 voti su 995, il socialista Sandro Pertini.

*27 agosto* In risposta a un'intervista di Eugenio Scalfari al segretario del Pci Enrico Berlinguer, che sulla «Repubblica» del 2 agosto criticava il gruppo dirigente del Psi e affermava che era «del tutto evidente e valida la lezione che Lenin ci ha dato elaborando una vera teoria rivoluzionaria», Craxi pubblica sull'«Espresso» un lungo articolo intitolato *Il vangelo socialista*. Contro Marx rivaluta il socialismo anarchico e libertario di Pierre-Joseph Proudhon: «Proudhon vedeva il socialismo come il superamento storico del liberalismo e vedeva nel comunismo un'"assurdità antidiluviana" che, se fosse prevalso, avrebbe "asiatizzato" la società europea». Quanto al leninismo, non è l'ideologia della classe operaia «bensì la giustificazione filosofica del diritto storico degli intellettuali di governare autocraticamente le masse lavoratrici. [...] Il comunismo leninista ha mire palingenetiche: è una religione travestita da scienza che pretende di avere trovato una risposta a tutti i problemi della vita umana». È «totalitario», e dunque «leninismo e pluralismo sono termini antitetici: se prevale il primo, muore il secondo».

**1979**

L'Unione Sovietica mette in produzione i missili balistici SS-20, in grado di colpire con testate nucleari multiple qualunque obiettivo nell'Europa occidentale. In risposta, la Nato propone di installare in Europa i missili Pershing e Cruise. Il cancelliere socialdemocratico della Germania federale, Harald Schmidt, si dichiara disponibile ad accoglierli nelle basi tedesche a patto che un'altra nazione europea faccia altrettanto. Interpellato dagli americani, Craxi si dichiara favorevole al dispiegamento dei missili in Italia. La Nato deciderà di procedere a dicembre, con l'invasione sovietica dell'Afghanistan.

**1980**

*4 aprile* Con la nascita del secondo governo Cossiga, i socialisti tornano al governo dopo sei anni.

**1981**

*17 marzo* Una perquisizione nella villa di Licio Gelli ad Arezzo e nella fabbrica di sua proprietà a Castiglion Fibocchi porta alla scoperta di un elenco con mille appartenenti alla loggia massonica coperta Propaganda 2 (P2). Lo scandalo che ne segue fa cadere il governo presieduto dal democristiano Arnaldo Forlani. Di Gelli, Craxi dirà: «L'impressione che ne ho avuto io – l'ho incontrato una volta – è che fosse una sorta di *grand commis*, di segretario generale, di attivatore di un'organizzazione alla quale faceva capo un complesso di relazioni, ma non un capo carismatico di un'organizzazione che dipendesse da lui». Nel corso del dibattito parlamentare sullo scioglimento della P2 affermerà: «Si sono creati i colpevoli prima ancora di individuare la colpa».

*28 giugno* Per la prima volta dal 1945, un non democristiano diventa presidente del Consiglio: è il repubblicano Giovanni Spadolini, alla guida di un'alleanza che comprende Dc, Psi, Psdi, Pri e Pli (il pentapartito).

**1983**

*26-27 giugno* Alle elezioni politiche, la Dc perde oltre il 5 per cento fermandosi sotto il 33, il Pci resta stabile poco sotto il 30 mentre il Psi sale all'11,4. Il 21 luglio il presidente Pertini affida a Bettino Craxi l'incarico di formare il governo.

*4 agosto* Si insedia il primo governo Craxi, il primo a guida socialista nella storia della Repubblica. È sostenuto dal pentapartito e i ministri più importanti sono i democristiani Arnaldo Forlani (vicepresidente), Giulio Andreotti (Esteri), Oscar Luigi Scalfaro (Interno), Mino Martinazzoli (Giustizia) e Giovanni Goria (Tesoro), i socialisti Claudio Signorile (Trasporti) e Gianni De Michelis (Lavoro), i repubblicani Giovanni Spadolini (Difesa) e Bruno Visentini (Finanze), il socialdemocratico Pietro Longo (Bilancio) e il liberale Renato Altissimo (Industria).

*16 novembre* La Camera approva (con i voti della maggioranza di governo e del Msi) l'installazione degli euromissili della Nato nella base siciliana di Comiso.

**1984**

*15 febbraio* Per fermare la corsa dell'inflazione, il governo vara un decreto legge che riduce da 12 a 9, per l'anno 1984, gli scatti di contingenza (cioè l'adeguamento automatico delle buste paga al costo della vita). Tra i sindacati, Cisl, Uil e i socialisti della Cgil accettano la decisione, mentre la componente comunista della Cgil e il Pci sono radicalmente contrari, e promettono che si opporranno con ogni mezzo, in Parlamento e fuori.

*18 febbraio* Craxi e il cardinale segretario di Stato Agostino Casaroli firmano a Villa Madama la revisione del Concordato del 1929 fra lo Stato italiano e la Santa Sede.

*24 marzo* Dopo il voto di fiducia della Camera che conferma il taglio della «scala mobile», a Roma, in piazza San Giovanni, si svolge la più imponente manifestazione di piazza del dopoguerra (mezzo milione di persone secondo la questura, oltre un milione per la Cgil che l'ha organizzata, «almeno 700.000» per il «Corriere della Sera»).

*17-18 giugno* Alle elezioni europee, il Pci diventa per la prima e unica volta il partito più votato, anche a causa della commozione per la morte del segretario Enrico Berlinguer, colpito da un ictus durante un comizio a Padova e morto quattro giorni dopo, l'11 giugno. Il Pci ottiene il 33,3 per cento, la Dc il 33, il Psi l'11,2, in leggero calo come gli altri partiti di governo.

*16 ottobre* In Piemonte, Abruzzo e Lazio vengono oscurate le tv private di Silvio Berlusconi (Canale 5, Italia 1 e Retequattro): i pretori di Torino, Pescara e Roma sequestrano le attrezzature che consentono la trasmissione in contemporanea su tutto il territorio nazionale, aderendo a una sentenza della Corte costituzionale che nel 1976 concedeva alle reti private il diritto di trasmettere solo in ambito locale.

*20 ottobre* Con un decreto legge valido un anno (in attesa di un riordinamento generale del settore televisivo), il governo riconosce la legalità della trasmissione simultanea in tutta Italia dei programmi delle tv private. Il cosiddetto decreto Berlusconi verrà bocciato in Parlamento; ne seguiranno altri due, convertiti in legge, che prorogano il regime transitorio fino al 31 dicembre 1985. In realtà, la proroga durerà fino al 1990, con l'entrata in vigore della legge Mammì.

*6 dicembre* Craxi, il ministro degli Esteri Andreotti e il consigliere diplomatico Antonio Badini incontrano in un rifugio segreto in Tunisia Yasser Arafat, capo storico dell'Organizzazione per la liberazione della Palestina (Olp). Sono in missione per conto della Cee: devono prendere contatti con le parti in causa nel conflitto arabo-israeliano «per ricercare i mezzi per favorire le tendenze verso il negoziato».

**1985**

*9-10 giugno* Il referendum abrogativo contro il taglio della «scala mobile», promosso da Cgil, Pci, altre forze di sinistra e Msi, vede un'affluenza di quasi il 78 per cento e la vittoria del no con il 54,3 per cento dei voti. È una delle più grandi vittorie politiche di Craxi.

*24 giugno* Il presidente del Senato, il democristiano Francesco Cossiga, viene eletto al primo scrutinio presidente della Repubblica.

*28-29 giugno* A conclusione del semestre di presidenza italiana, il Castello Sforzesco di Milano ospita il vertice dei capi di Stato e di governo dei dieci Paesi che formano la Comunità economica europea (a cui si aggiungono, come osservatori, Felipe Gonzalez e Mario Soares, primi ministri di Spagna e Portogallo, che il 1° gennaio 1986 entreranno nella Cee). Craxi appoggia con decisione, insieme al presidente francese François Mitterrand, il progetto di rafforzamento dell'unità europea avanzato dal cancelliere della Germania federale Helmut Kohl e riesce a far passare a maggioranza (nonostante l'ostinata opposizione della prima ministra inglese Margaret Thatcher) la proposta di una conferenza intergovernativa per riformare i trattati di Roma. È la tappa decisiva che condurrà all'adozione dell'Atto unico europeo, per il completamento del mercato unico interno, e alla trasformazione della Cee in Comunità Europea e poi Unione Europea.

*24 agosto* Nella sua villa di Hammamet, in Tunisia, Craxi incontra Yasser Arafat, accompagnato dal suo braccio destro Abu Jihad e da Abu Abbas, capo del Fronte per la liberazione della Palestina (Flp).

*1° ottobre* Gli israeliani bombardano il quartier generale dell'Olp in Tunisia, uccidendo 73 palestinesi e 16 tunisini (Arafat si salva perché era a fare jogging sulla spiaggia). Craxi parla di «aggressione terroristica indegna di un Paese civile».

*7 ottobre* Un commando del Fronte di liberazione della Palestina dirotta, al largo delle coste egiziane, la nave da crociera italiana *Achille Lauro*, su cui viaggiano anche 16 cittadini americani. L'Italia invia 60 incursori della marina alla base cipriota di Akrotiri, gli americani insistono per un loro intervento militare, ma alla fine prevale la via diplomatica.

*9 ottobre* Grazie alla mediazione di Arafat e delle autorità egiziane, l'*Achille Lauro* arriva a Porto Said, in Egitto: l'ambasciatore italiano concede un salvacondotto (valido per raggiungere un altro Paese arabo) ai quattro dirottatori, che con un gommone sbarcano a terra liberando la nave. Nel tardo pomeriggio, durante la conferenza stampa a Palazzo Chigi in cui comunica che i dirottatori si sono arresi senza condizioni alle autorità egiziane, Craxi afferma: «Purtroppo, c'è una notizia luttuosa. Soltanto ora ho appreso della scomparsa di un cittadino americano, Leon Klinghoffer. Me lo ha riferito poco fa il comandante dell'*Achille Lauro*. C'è il suo passaporto, ma lui, Klinghoffer, no. Si suppone che sia stato ucciso e poi gettato in mare».

*10 ottobre* L'assassinio di Klinghoffer – anziano, immobilizzato su una sedia a rotelle, ucciso perché ebreo – spinge gli americani a usare ogni mezzo per mettere le mani sui responsabili. Quando scoprono che i quattro dirottatori, accompagnati da due mediatori palestinesi (uno dei quali è Abu Abbas, capo del Flp), sono a bordo di un aereo EgyptAir diretto a Tunisi, mandano quattro F-14 decollati dalla portaerei *Saratoga* a intercettare l'aereo egiziano per costringerlo ad atterrare nella base aerea di Sigonella, in Sicilia, che ospita anche una sede della marina statunitense. Contattato dagli americani a operazione in corso, Craxi concede l'uso della base, ma invia subito sul posto l'ammiraglio Fulvio Martini, capo del servizio segreto militare.

*11 ottobre* Il Boeing della EgyptAir atterra alle 00.15, subito seguito da due aerei della Delta Force statunitense. I carabinieri e gli avieri di guardia all'aeroporto circondano l'aereo egiziano, ma vengono circondati a loro volta dalle truppe speciali della Delta Force, attorno alle quali si schierano i carabinieri giunti da Catania e da Siracusa. Si sfiora lo scontro armato, e nel corso della notte il presidente degli Stati Uniti, Ronald Reagan, telefona direttamente a Craxi per ottenere la consegna dei dirottatori e di Abu Abbas. Craxi sostiene che i reati sono stati commessi su una nave italiana, quindi in territorio italiano, e spetta all'Italia decidere cosa fare dei responsabili. All'arrivo dei blindati dei carabinieri e di altri militari italiani, le forze speciali americane abbandonano il campo. I quattro dirottatori scendono dall'aereo egiziano e vengono consegnati ai magistrati di Siracusa, mentre attorno alla sorte di Abu Abbas e dell'altro mediatore palestinese continua il braccio di ferro tra Italia, Stati Uniti ed Egitto. A tarda sera, l'aereo della EgyptAir decolla e arriva a Ciampino.

*12 ottobre* Dopo una serie di trattative e depistaggi tra governo, magistratura, militari, servizi segreti, funzionari egiziani e americani, Abu Abbas e l'altro palestinese salgono su un aereo di linea jugoslavo diretto a Belgrado (Abbas troverà poi ospitalità nell'Iraq di Saddam Hussein). Nei giorni successivi emergeranno le prove del coinvolgimento del capo del Flp nell'organizzazione del dirottamento dell'*Achille Lauro*. In dissenso con l'operato di Craxi, il ministro della Difesa Spadolini e il resto della delegazione repubblicana al governo danno le dimissioni. La crisi si ricomporrà, così come i rapporti fra Craxi e Reagan. L'11 luglio 1986 il tribunale di Genova condannerà due dei dirottatori all'ergastolo, uno a 30 anni e il quarto, minorenne, a 17 anni. Anche Abu Abbas sarà condannato all'ergastolo, in contumacia. Le pene saranno confermate nei gradi di giudizio successivi.

**1986**

*15 aprile* Dopo anni di conflitto non dichiarato fra Libia e Stati Uniti, uno scontro nel Golfo della Sirte, che i libici considerano unilateralmente parte delle proprie acque territoriali, e un attentato, organizzato dai libici, che in una discoteca di Berlino Ovest frequentata da militari americani aveva provocato, il 5 aprile, tre morti e oltre 200 feriti, gli americani bombardano la Libia e in particolare la caserma in cui vive Gheddafi: la moglie e due figli restano feriti, una figlia adottiva viene data per morta, ma Gheddafi si salva, forse anche perché avvertito da Craxi dell'imminente attacco americano. Nel pomeriggio i libici sparano verso Lampedusa due missili Scud che cadono in mare senza provocare danni.

*27 giugno* Dopo mesi di tensioni politiche fra gli alleati di governo, in particolare con il segretario della Dc Ciriaco De Mita, che rivendica la presidenza del Consiglio per il suo partito, Craxi sale al Quirinale e rassegna le dimissioni. Durante la crisi, fa diffondere le statistiche del suo governo: l'inflazione annua passata dal 16,3 del 1983 al 6,3 per cento del 1986 e destinata a scendere ulteriormente, il prodotto interno lordo che da un calo dello 0,2 per cento nel 1983 sale del 2,8 nel 1986, la produzione industriale cresciuta di cinque punti in tre anni.

*1° agosto* Dopo un mese di trattative, Craxi ridiventa presidente del Consiglio sulla base di quello che i giornali definiscono «patto della staffetta» con De Mita. Gran parte dei ministri del governo precedente resta al loro posto.

*2 ottobre* Da quando, nel novembre 1985, il direttore di «Repubblica» Eugenio Scalfari aveva scritto che Craxi «somiglia a Ghino di Tacco, taglieggiatore e bandito di strada», Craxi aveva cominciato a usare lo pseudonimo del bandito medievale per le prese di posizione non ufficiali. Sull'«Avanti!» compare un articolo firmato Ghino di Tacco: «Tanto fumo e rumore per un patto che non esiste e non è mai esistito almeno nei termini che si sono voluti ricavare da una definizione impropria (staffetta)».

**1987**

*3 marzo* Logorato dai continui contrasti fra i partiti della maggioranza, Craxi si dimette. Dopo un mese e mezzo di trattative e veti incrociati, l'incarico va a Fanfani che forma un monocolore democristiano che non riceverà la fiducia e ha l'unico scopo di portare il Paese alle elezioni anticipate.

*14-15 giugno* Alle elezioni politiche, la Dc ottiene il 34,3 per cento dei voti, il Pci il 26,6, il Psi il 14,3 (massimo storico), il Msi il 5,9, il Pri il 3,7, il Psdi il 3,1, i radicali il 2,5, i verdi il 2,5, il Pli il 2,1 e Democrazia proletaria l'1,7. Arrivano per la prima volta in Parlamento due esponenti della Lega lombarda, Luigi Leoni alla Camera e Umberto Bossi al Senato.

*29 luglio* Dopo il veto di Craxi a un incarico a De Mita, diventa presidente del Consiglio Giovanni Goria, fedelissimo del segretario della Dc ma gradito ai socialisti e già ministro del Tesoro nei governi Craxi. La formula è sempre quella del pentapartito.

*8-9 novembre* I referendum abrogativi contro le centrali nucleari e per la responsabilità civile dei giudici, promossi dal Psi insieme rispettivamente a verdi e radicali, raggiungono il quorum e vedono la vittoria del sì.

**1988**

*13 aprile* Diventa presidente del Consiglio il grande avversario di Craxi, il segretario della Dc Ciriaco De Mita, con un governo sempre basato sul pentapartito.

*13 ottobre* La Camera approva a scrutinio segreto, con soli sette voti più del quorum necessario, uno dei cavalli di battaglia di Craxi: la riforma dei regolamenti parlamentari che riduce drasticamente il voto segreto e lo esclude nelle deliberazioni su finanziaria, legge di bilancio e tutte le materie di spesa (durante gli anni di governo, Craxi aveva dovuto sempre fare i conti con i «franchi tiratori»).

**1989**

*13-19 maggio* Durante il XLV Congresso socialista nei capannoni dell'ex Ansaldo a Milano, con l'imponente piramide multimediale della scenografia di Filippo Panseca, Craxi sfiducia De Mita (che si dimette proprio il 19 maggio) e pone le basi per quello che verrà chiamato CAF, il patto fra Craxi, Andreotti e Forlani (da poco eletto segretario della Dc) che sconfiggerà De Mita e segnerà gli anni seguenti.

*23 luglio* Giura il sesto governo Andreotti, sempre basato sul pentapartito.

*9 novembre* Cade il Muro di Berlino; si apre la strada per la riunificazione delle due Germanie e la fine della Guerra fredda.

**1990**

*4 gennaio* Craxi è colto da un attacco d'asma nella sua casa di Capiago, vicino a Como. Dopo una visita all'ospedale di Cantù viene trasportato in ambulanza al San Raffaele, a Milano, dove resta alcuni giorni. È il secondo grave attacco provocato dal diabete. Dopo un mese di convalescenza trascorso nella casa di Milano, in via Foppa, in febbraio torna a Roma e riprende l'attività politica: «Il mio stato di salute è ritornato assolutamente eccellente, specie se lo paragono allo stato di salute politica di vari soggetti, uomini e partiti, che vedo in preda a febbri e febbriciattole, convulsioni e, in qualche caso, anche allucinazioni...». L'amico Lelio Lagorio, che il 23 febbraio lo incontra alla direzione socialista, lo trova «smagrito, invecchiato, assai scavato nel volto».

*27 luglio* Cinque ministri della sinistra democristiana (Mino Martinazzoli, Sergio Mattarella, Riccardo Misasi, Calogero Mannino e Carlo Fracanzani) si dimettono contro la decisione del governo di porre la fiducia (richiesta dal Psi) sulla legge Mammì che disciplina il sistema televisivo pubblico e privato, considerata troppo favorevole agli interessi della Fininvest di Silvio Berlusconi.

**1991**

*3 febbraio* A Rimini, il XX Congresso del Pci si conclude con la decisione della maggioranza di cambiare nome: il Pci diventa Partito democratico della sinistra (Pds). La minoranza invece dà vita al Movimento per la rifondazione comunista, che con il congresso fondativo del 12 dicembre a Roma diventa Partito della rifondazione comunista (Prc).

*13 aprile* Nasce il settimo governo Andreotti, che dovrebbe essere ancora l'espressione del pentapartito. All'ultimo momento però i tre ministri repubblicani non si presentano al giuramento e si ritirano dal governo, accusando Andreotti di avere ridimensionato i loro incarichi su richiesta dei socialisti.

*9 giugno* Il referendum sulla preferenza unica, promosso da Mario Segni e fortemente osteggiato da Craxi, che aveva invitato gli italiani ad «andare al mare», ottiene il quorum e viene stravinto dal sì con il 95,57 per cento dei voti. Era l'unico quesito ammesso di tre che miravano a modificare in senso maggioritario il sistema elettorale. La novità introdotta (la possibilità di indicare sulla scheda una sola preferenza invece di tre o quattro, come in passato) è apparentemente marginale («una cavolata», secondo De Mita), ma in realtà intacca la possibilità dei partiti di stringere la presa sulle proprie clientele e assicurarsi il controllo degli eletti, e rivela l'insofferenza che la maggioranza degli italiani nutre verso la partitocrazia.

**1992**

*17 febbraio* A Milano, il pubblico ministero Antonio Di Pietro arresta Mario Chiesa, presidente del Pio Albergo Trivulzio ed esponente di spicco del Psi milanese, colto in flagrante mentre incassa una tangente. È l'inizio dell'inchiesta Mani pulite.

*5-6 aprile 1992* Alle politiche, la Dc scende al 29,7 per cento dei voti, il Pds viene drasticamente ridimensionato al 16,1 (anche a causa della scissione del Prc, che ottiene il 5,6), il Psi mantiene il 13,6, la Lega Nord sfonda con l'8,6, il Pri raggiunge il 4,4, il Pli il 2,9, i verdi il 2,8, il Psdi il 2,7, La Rete l'1,9 e il Msi il 5,4. Dopo le elezioni, le indagini per corruzione, a Milano e nel resto d'Italia, portano all'arresto di numerosi imprenditori e politici locali. Toccherà poi ai tesorieri dei principali partiti.

*25 aprile* Il presidente Cossiga annuncia in televisione le sue dimissioni (formalizzate il 28), due mesi prima della fine naturale del suo mandato.

*2 maggio* In seguito alle deposizioni di Mario Chiesa, due ex sindaci socialisti di Milano, Carlo Tognoli e Paolo Pillitteri (marito della sorella di Craxi, Rosilde), entrambi eletti alla Camera, ricevono avvisi di garanzia per ricettazione e corruzione.

*23 maggio* A Capaci, una bomba uccide il magistrato Giovanni Falcone, la moglie e tre agenti della scorta. Falcone era stato chiamato da Claudio Martelli, delfino di Craxi e vicepresidente del Consiglio, a dirigere la sezione Affari penali del ministero della Giustizia, e proprio per questo era stato duramente attaccato da molti colleghi.

*28 maggio* Viene eletto presidente della Repubblica il democristiano Oscar Luigi Scalfaro, già ministro dell'Interno dei governi Craxi. Il suo primo compito è quello di affidare l'incarico per formare il governo, e decide di escludere dai candidati chiunque sia vicino agli inquisiti. Craxi deve rinunciare all'ambizione di tornare presidente del Consiglio. L'incarico va comunque al politico socialista da lui indicato come prima scelta, il suo braccio destro Giuliano Amato.

*28 giugno* Giura il primo governo Amato, sostenuto dal quadripartito Dc, Psi, Psdi, Pli.

*3 luglio* In occasione del dibattito parlamentare sulla fiducia, Craxi pronuncia alla Camera una chiamata di correo e insieme una difesa del sistema dei partiti, «che ora mostrano tutti i loro limiti, le loro contraddizioni e degenerazioni [...] indicati come il male di tutti i mali, soprattutto da chi immagina o progetta di poterli sostituire con simboli e poteri taumaturgici che di tutto sarebbero dotati salvo che di legittimità e di natura democratica. [...] Nella vita democratica di una nazione non c'è nulla di peggio del vuoto politico. [...] Ciò che bisogna dire, e che tutti sanno del resto, è che buona parte del finanziamento politico è irregolare o illegale. [...] Se gran parte di questa materia deve essere considerata materia puramente criminale, allora gran parte del sistema sarebbe un sistema criminale. Non credo che ci sia nessuno in quest'aula, responsabile politico di organizzazioni importanti, che possa alzarsi e pronunciare un giuramento in senso contrario a quanto affermo: perché presto o tardi i fatti si incaricherebbero di dichiararlo spergiuro».

*30 settembre* Il Consiglio dei ministri approva una durissima manovra da 93.000 miliardi di lire per ridurre il deficit di bilancio.

**1993**

*10 febbraio* Mentre si susseguono inchieste e imputazioni (si parla di «Parlamento degli inquisiti»), si dimette il ministro della Giustizia, Claudio Martelli, accusato di bancarotta fraudolenta nel caso del Banco Ambrosiano.

*11 febbraio* Coinvolto nella stessa inchiesta (legata al «conto Protezione» aperto presso l'Unione di banche svizzere di Lugano su cui il banchiere Roberto Calvi avrebbe depositato tangenti per il Psi), Craxi è costretto a dimettersi da segretario del Psi. In tutto riceverà una ventina di avvisi di garanzia.

*12 febbraio* L'assemblea nazionale del partito sceglie come segretario Giorgio Benvenuto, ex sindacalista della Uil.

*5 marzo* Il ministro della Giustizia, il giurista indipendente Giovanni Conso, presenta un decreto che depenalizza il reato di finanziamento ai partiti. Nei giorni seguenti, il ministro per l'Ambiente Carlo Ripa di Meana si dimette per protesta e il presidente Scalfaro invita Amato a riconsiderare il decreto, annunciando la sua intenzione di non controfirmarlo.

*18-19 aprile* Il successo di otto referendum abrogativi promossi da Mario Segni e dai radicali, che aboliscono alcuni ministeri e il finanziamento pubblico dei partiti ed estendono il sistema maggioritario, conferma l'ostilità dell'opinione pubblica ai partiti e spinge Amato alle dimissioni.

*23 aprile* Scalfaro offre l'incarico non a un politico ma a un tecnico, il governatore della Banca d'Italia Carlo Azeglio Ciampi.

*29 aprile* Giura il governo Ciampi, sostenuto da Dc, Psi, Pds, Psdi, Pri, Pli e verdi. Tra i ministri ci sono alcune personalità indipendenti e, per la prima volta, tre membri del Pds (Vincenzo Visco alle Finanze, Luigi Berlinguer all'Università e ricerca e Augusto Barbera ai Rapporti con il Parlamento) e uno dei verdi (Francesco Rutelli all'Ambiente). Alla Camera si vota l'autorizzazione a procedere contro Bettino Craxi, relativa a sei richieste da parte del pool di Mani pulite. Il suo discorso ricalca quello in occasione della fiducia al governo Amato: esorta i colleghi a smetterla con l'ipocrisia, rifiuta qualunque accusa di arricchimento personale, ammette solo il reato di finanziamento illecito, peraltro commesso da tutti i partiti, e denuncia «il clima infame, che ha distrutto persone, famiglie e generato tragedie». In serata, a scrutinio segreto, la Camera respinge quattro richieste, per le accuse più gravi, e ne accoglie solo due, una per atti di corruzione commessi a Roma e una per violazione della legge sul finanziamento ai partiti, il reato di cui Craxi si era dichiarato colpevole. L'esito della votazione scatena tumulti in aula e nel Paese. I tre ministri del Pds e il verde Rutelli danno subito le dimissioni, e il governo Ciampi, costretto a un immediato rimpasto, sopravvive con obiettivi ben circoscritti: evitare il tracollo economico e finanziario, affrontare la questione morale e varare la riforma elettorale.

*30 aprile* In tutta Italia ci sono proteste contro la mancata concessione dell'autorizzazione a procedere contro Craxi. A Roma, i manifestanti attendono Craxi all'uscita dall'hotel Raphaël e lo bersagliano di monetine e insulti.

*6 giugno* Alle elezioni amministrative, i partiti tradizionali hanno un tracollo: a Milano, la Dc scende sotto il 10 per cento e il Psi non elegge nemmeno un consigliere. Al ballottaggio del 20 giugno viene eletto sindaco il leghista Marco Formentini.

*4 agosto* Entra in vigore la nuova legge elettorale (subito chiamata «Mattarellum» dal nome del suo promotore, Sergio Mattarella): il 75 per cento dei seggi parlamentari viene assegnato con il sistema maggioritario, il 25 con quello proporzionale.

*17 dicembre* Deponendo come testimone al processo sul caso Enimont in cui è imputato Sergio Cusani, trasmesso in tv con altissimi ascolti, Craxi sostiene esplicitamente una delle sue tesi principali per giustificare il finanziamento illecito dei partiti: lo facevano tutti, e gli avversari del Pci avevano la necessità di competere con un partito che aveva ricevuto per decenni denaro e aiuti dal blocco sovietico. Citando polemicamente i presidenti del Senato e della Camera, dice che credere che Giovanni Spadolini, per dieci anni segretario del Pri, «avesse sempre avuto un finanziamento assolutamente regolare e che le irregolarità e le illegalità sono state commesse dal vecchio La Malfa e dal giovane La Malfa» sarebbe «come credere che il presidente della Camera, onorevole Giorgio Napolitano, che è stato per molti anni ministro degli Esteri del Pci e aveva rapporti con tutta la nomenklatura comunista dell'Est a partire da quella sovietica, non si fosse mai accorto del grande traffico che avveniva sotto di lui, tra i vari rappresentanti e amministratori del Pci con i Paesi dell'Est. Non se n'è mai accorto?». A proposito dei miliardi versati al Psi durante i passaggi di proprietà di Enimont fra Eni e Montedison, dice che la maxitangente «non è che una maxiballa».

**1994**

*13 gennaio* Il presidente del Consiglio Carlo Azeglio Ciampi, che con il varo della finanziaria il 18 dicembre aveva dichiarato esaurita la missione del governo, dà le dimissioni. Tre giorni dopo il presidente Scalfaro scioglie le Camere e indice nuove elezioni.

*18 gennaio* Si scioglie la Democrazia cristiana: la maggioranza dà vita al Partito popolare italiano (Ppi), segretario Mino Martinazzoli, la minoranza conservatrice al Centro cristiano democratico (Ccd), segretario Pier Ferdinando Casini.

*26 gennaio* Silvio Berlusconi, proprietario del maggior gruppo televisivo privato italiano, annuncia con una videocassetta inviata a tutte le tv la sua «discesa in campo»: fonda un partito, Forza Italia, e promuove un'alleanza con la Lega Nord di Umberto Bossi e il Msi-Alleanza nazionale di Gianfranco Fini per evitare (come dirà in seguito) che «gli eredi dei comunisti» prendano «il potere dopo aver scardinato la democrazia con l'uso politico della giustizia».

*21 marzo* Craxi si imbarca a Ciampino per la Tunisia. Come racconterà a Stefano Lorenzetto, «guardavo Roma giù di sotto, i campi ben pettinati, il profilo del litorale, il mar Tirreno... Sentivo che non li avrei rivisti mai più». Secondo la magistratura milanese, sarebbe tornato in Italia nel mese di aprile, per ripartire definitivamente per Hammamet il 5 maggio.

*27-28 marzo* Le elezioni politiche, le prime che si svolgono con il Mattarellum, sono vinte dall'alleanza promossa da Berlusconi: il Polo delle libertà/Polo del buon governo (Forza Italia, Msi-Alleanza nazionale, Lega Nord, Centro cristiano democratico) ottiene poco meno del 43 per cento dei voti, l'Alleanza dei progressisti (Partito democratico della sinistra, Rifondazione comunista, Verdi, Psi, Rete, Alleanza democratica) poco più del 34, il Patto per l'Italia (Partito popolare italiano, Patto Segni) il 15,7, la Lista Pannella il 3,5. Per la prima volta dal 1968, Craxi non è deputato e perde l'immunità parlamentare.

*11 maggio* Nasce il governo di Silvio Berlusconi, sostenuto da FI, An-Msi, Lega Nord, Ccd e Unione di Centro.

*12 maggio* Due giudici del tribunale di Milano ordinano il ritiro del passaporto di Craxi e gli vietano l'espatrio.

*17 maggio* Un certificato inviato da un diabetologo tunisino informa che Craxi necessita di sorveglianza medica e presa in carico terapeutica. Ne seguiranno altri, per attestare che le condizioni del paziente si sono aggravate per le complicazioni degenerative del diabete (una lesione coronarica e una ferita infetta al piede sinistro). I giudici non accettano le giustificazioni e considerano Craxi contumace.

*13 novembre* Si scioglie il Partito socialista italiano. La maggioranza dà vita ai Socialisti italiani (Si), segretario Enrico Boselli, la minoranza centrista al Partito socialista riformista (Psr), segretario Fabrizio Cicchitto.

*22 novembre* Mentre presiede a Napoli la Conferenza mondiale delle Nazioni Unite sulla criminalità organizzata, Berlusconi riceve un invito a comparire dalla procura di Milano.

*22 dicembre* Dopo l'uscita della Lega Nord dalla maggioranza, Berlusconi sale al Quirinale per dimettersi e chiedere nuove elezioni.

**1995**

*13 gennaio* Il presidente Scalfaro, constatata la presenza di una maggioranza alternativa, affida a Lamberto Dini (già direttore generale della Banca d'Italia e ministro del Tesoro del governo Berlusconi) l'incarico di formare il governo.

*17 gennaio* Giura il governo Dini: è un esecutivo tecnico che conta sull'appoggio esterno di Pds, Ppi, Lega Nord, verdi, cristiano-sociali, Si, Rete e altre forze.

*21 luglio* La settima sezione del tribunale di Milano dichiara Craxi latitante. Craxi non abbandonerà più la Tunisia, non parteciperà ai vari processi in cui è imputato e in cui sarà condannato, riceverà amici e personalità nella sua casa di Hammamet e invierà lettere, fax, articoli per denunciare la sua condizione di perseguitato politico e attaccare gli avversari, tra i quali i socialisti che gli avevano voltato le spalle.

**2000**

*19 gennaio* Bettino Craxi muore ad Hammamet per arresto cardiaco, quando in casa c'è solo la figlia Stefania. Era convalescente da un'operazione eseguita il 30 novembre nell'ospedale militare di Tunisi da un'équipe del San Raffaele, che gli aveva asportato un rene colpito da un tumore. Viene sepolto nel piccolo cimitero cattolico di Hammamet. Sulla sua tomba, un libro aperto con la scritta «La mia libertà equivale alla mia vita».

# INDICE

Finito di stampare nel mese di dicembre 2024
presso Errestampa – via Portico, 27, Orio al Serio (BG)
Printed in Italy